# Jacob Burckhardt-Gespräche auf Castelen

Band 37

Ruedi Imbach

# Porträt des Dichters als Philosoph

Eine Betrachtung des philosophischen
Denkens von Dante Alighieri

Schwabe Verlag

Die Jacob Burckhardt-Gespräche auf Castelen
wurden im Rahmen der Römer-Stiftung Dr. René Clavel
begründet von Dr. iur. Dr. phil. h.c. Jacob Frey-Clavel.


Direktorium:
Prof. Dr. Gottfried Boehm · Prof. Dr. Gunnar Hindrichs ·
Prof. Dr. Kurt Seelmann

MIX
Papier aus verantwor-
tungsvollen Quellen
FSC® C083411

Bibliografische Information der Deutschen Nationalbibliothek
Die Deutsche Nationalbibliothek verzeichnet diese Publikation in der Deutschen
Nationalbibliografie; detaillierte bibliografische Daten sind im Internet über
http://dnb.dnb.de abrufbar.

Umschlaggestaltung: icona basel gmbh, Basel
Satz: Dörlemann Satz, Lemförde
Druck: CPI books GmbH, Leck
Printed in Germany
ISBN Printausgabe 978-3-7965-4267-1
ISBN eBook (PDF) 978-3-7965-4268-8
DOI 10.24894/978-3-7965-4268-8
Das eBook ist seitenidentisch mit der gedruckten Ausgabe und erlaubt Volltextsuche.
Zudem sind Inhaltsverzeichnis und Überschriften verlinkt.

rights@schwabe.ch
www.schwabe.ch

# Inhalt

I   Einleitung . . . . . . . . . . . . . . . . . . . . . . . . . . . . . . . .   7

II  Dantes Verständnis der Philosophie . . . . . . . . . . . . . . .   11

III Philosophie der Sprache . . . . . . . . . . . . . . . . . . . . . . .   25
    1  «Der Mensch ist das am meisten unstete
       und am meisten unbeständige Lebewesen» . . . . . . .   28
    2  «Dem Menschen allein ist Sprache gegeben» . . . . . .   32

IV  Beispiele der Präsenz der Philosophie in der
    *Commedia* . . . . . . . . . . . . . . . . . . . . . . . . . . . . . . . . .   43

V   Die politische Dimension der Intellekttheorie und die
    Neubegründung der politischen Theorie . . . . . . . . . . . .   49

Bibliographie . . . . . . . . . . . . . . . . . . . . . . . . . . . . . . . .   65
    1  Zitierte Werke und Ausgaben von Dante . . . . . . . . .   65
    2  Wichtige Studien zur Philosophie von Dante . . . . .   67

# I Einleitung

> Riguarda bene omai sì com'io vado
> per questo loco al vero che disiri,
> sì che poi sappi sol tener lo guado.
> Paradiso II, 124–126[1]

An einer wichtigen Stelle in seiner Schrift *Die Kultur der Renaissance in Italien* sagt Jacob Burckhardt: «Wiederum muss zuerst Dante gehört werden, wie bei allen wesentlichen Fragen.»[2] Diese Aussage belegt, wie sehr Burckhardt den italienischen Dichter schätzte und welche Bedeutung er ihm zumaß. Der vorliegende, bescheidene Versuch entspricht also ganz und gar Burckhardts Geist.

Indes ist es angebracht, unser Vorhaben, einige Aspekte von Dantes philosophischem Denken vorzustellen, mit einer kurzen Erklärung des Titels dieser Abhandlung zu eröffnen. Das Wort Porträt ist ein französisches Lehnwort, das aus einem substantivierten Partizip des Verbs *portraire* entstanden ist. Dieses Tätigkeitswort bedeutet ‹entwerfen, darstellen› und ist seinerseits aus dem lateinischen Verb *protrahere* abgeleitet, das wörtlich ‹hervor-

---

1   Inglese, S. 56, Übersetzung Flasch, S. 288: «Sieh genau, wie ich von dieser Stelle aus zu dem Wahren gehe, nach dem du verlangst, so dass du danach den Weg allein gehen kannst.» Für die Abkürzungen der zitierten Schriften Dantes vgl. die Bibliographie im Anhang. Auf die Auseinandersetzung mit der Sekundärliteratur möchte ich an dieser Stelle verzichten. Verweisen will ich lediglich auf Kurt Flasch: Einladung, Dante zu lesen, Frankfurt 2011. – Ich widme diesen Beitrag Peter Schulthess, dessen Ratschläge, Hinweise und Belehrungen mich seit vielen Jahren begleiten, ermutigen und erfreuen.

2   Die Kultur der Renaissance in Italien. Ein Versuch, Frankfurt 2009, S. 144.

ziehen› meint, aber im übertragenen Sinne ebenfalls ‹ans Licht bringen›. Das Porträt ist also eine Darstellung einer Person, in der in einem gewissen Sinne das Besondere und Auszeichnende dieses Wesens dargestellt werden soll. Nun aber wird in unserem Titel durch eine Ergänzung das Hauptwort präzisiert mittels der Konjunktion *als*. In der Geschichte der Philosophie spielt dieses Bindewort eine ganz hervorragende Rolle, griechisch als *he* und lateinisch als *inquantum*. Berühmt ist des Aristoteles Entwurf einer Wissenschaft des Seienden als Seienden (*episteme tou ontos he ontos*) in der *Metaphysik*, aber ebenso bekannt ist Heideggers Analyse in *Sein und Zeit* des apophantischen und hermeneutischen Als (Sein und Zeit, § 33). Es handelt sich bei der Verwendung dieses Wortes stets darum, Etwas als Etwas zu betrachten oder zu verstehen. In unserem Fall würde ich vorschlagen, vom perspektivischen Als zu sprechen, da dieses Wörtlein die Hinsicht oder die Perspektive andeuten soll, unter der Etwas betrachtet wird. Wenn wir also den *poeta inquantum philosophus* betrachten wollen, dann ist wohl gemeint, dass wir den Dichter nicht unter dem Gesichtspunkt des Dichters besehen, sondern eben aus der Perspektive der Philosophie. Das ist im Falle Dantes in einem gewissen Sinne überraschend, da er in erster Linie und vornehmlich als einer der bedeutendsten Dichter der Weltliteratur verehrt wird. Wenn es gilt, diese einschränkende Betrachtungsweise zu rechtfertigen, dann können wir darauf hinweisen, dass das perspektivische Als zweifach verstanden werden kann. Eine erste Bedeutung bezieht sich auf die Sichtweise desjenigen, der ein Porträt entwirft: wir wollen dann sagen, dass der Porträtierende den Porträtierten im Hinblick auf die Philosophie darstellt. Es handelt sich dann also um eine philosophische Betrachtungsweise von Dantes Werken. Die zweite Bedeutung bezieht sich auf den Porträtierten selbst und meint, dass jemand dargestellt werden soll, der sich selbst als Philosoph gesehen und verstanden hat. In unserem Falle sind beide Bedeutungen gemeint. Ich möchte versuchen, Dante im Zusammenhang der Philosophiegeschichte zu betrachten, was allerdings deshalb von besonderer Tragweite ist, weil Dante selbst sich selbst, mindestens zeitweise, als Philosoph verstanden hat. Einen offensichtlichen Beleg dafür finden wir in seiner letzten Schrift, der *Questio*, die kurz vor seinem Tod 1320 disputiert wurde. Er bezeichnet sich selbst hier als «inter vere philosophantes minimus», als der geringste unter den wahrhaft Philosophierenden.[3]

3    *Questio*, [1], Rinaldi, S. 694: «Universis et singulis presentes litteras inspecturis Dantes Alagherii de Florentia, inter vere philosophantes minimus, in Eo salutem qui est principium veritatis et lumen.» Vgl. ebenfalls [87], S. 748–750, wo das Syntagma «philosophorum minimus» wiederholt wird. – Die Einleitung von Rinaldi behandelt das Problem der Echtheit dieser kleinen Schrift. Für die Abkürzungen der zitierten Schriften Dantes vgl. die Bibliographie im Anhang.

# II  Dantes Verständnis der Philosophie

Dante beschließt die Kanzone, mit welcher der zweite Traktat des *Convivio* eingeleitet wird, mit der Bemerkung, es werden wenige sein, welche die darin enthaltenen Gedanken richtig deuten:

> «Canzone, io credo che saranno radi
> Color che tua ragione intendan bene.»[4]

Diese Kanzone mit dem Incipit: *Voi che 'ntendendo il terzo ciel movete* handelt bekanntlich von einer vergangenen und einer neuen Liebe. In seinem Kommentar erklärt Dante, dass nach dem Tod von Beatrice ihn der Blick einer anderen Frau getroffen habe und dass in der Kanzone die Schlacht (*battaglia*) zwischen den Gedanken an diese und die Erinnerung an jene Frau beschrieben werde.[5] Im weiteren Verlauf des Kommentars versteht der Leser, dass die *donna gentile*, die höfliche Frau, deren Liebe jene zu Beatrice ablöst, mit der Philosophie identisch ist. Damit ist das zentrale Thema des zweiten Traktats des *Convivio* klar bestimmt: Dantes Weg zur Philosophie wird beschrieben als ein Prozess des Verliebens, während dem die Liebe zur einen Frau diejenige zu einer anderen in einem inneren Kampf besiegt. Dante ist darum bemüht, dass der Leser die Stationen des geschilderten Prozesses präzise chronologisch einordnet: genau 1168 Tage nach Beatricens Tod, am 8. Juni 1290,[6] soll es sich ereignet haben, dass jene *donna gentile* zum ersten Male «in meinen Blick trat und in meinem Geist einen Platz eroberte».[7]

---

4   *Convivio* II, Canzone, Giunta, S. 192.
5   Vgl. *Convivio* II, ii, 3–5, Fioravanti, S. 224–226.
6   Zu dieser Zeitangabe vgl. den Kommentar von Ricklin II, S. 119–120
    sowie denjenigen von Fioravanti, S. 222–223.
7   *Convivio* II, ii, 1, Fioravanti, S. 222.

Es scheint offensichtlich, dass das im *Convivio* Geschilderte ohne die *Vita Nova* nicht angemessen begriffen werden kann, liefert doch das, was in der *Vita Nova* berichtet wird, in einem gewissen Sinne die Struktur der Erzählung im *Convivio*. Beatricens Tod hat, so lehrt die *Vita Nova*, Dante in eine mächtige Verzweiflung gestürzt. Doch da ereignet sich etwas Sonderbares: «Und als ich bemerkte, wie ich mich plagte, da hob ich die Augen, um zu sehen, ob mich jemand anderes gesehen hat.» Das richtige Verstehen dieses Passus erheischt unsere ganze Aufmerksamkeit. Dantes Sehen dient ausschließlich der Erkundung, ob er gesehen werde. Schon Aristoteles hat den Vorrang des Sehens unter den Wahrnehmungen betont und die meisten mittelalterlichen Denker sind ihm in diesem Punkt gefolgt. Dantes Text indes unterstreicht den Vorrang des Gesehenwerdens.[8] Im Sehen entsteht eine Beziehung von sehendem Subjekt zu seinem Gegenüber. Das Gesehenwerden ist gleichsam die Antwort auf das Sehen und in der von Dante beschriebenen Situation ist der Blick des anderen in einem gewissen Sinne Trost des Sehenden.

Im *Convivio* werden diese in der *Vita Nova* beschriebenen Ereignisse umgedeutet. Auch hier ist der Tod Beatricens der Ausgangspunkt: «Als die erste Freude meiner Seele […] für mich verloren war, [blieb ich] von soviel Traurigkeit geschlagen zurück, dass es für mich keinerlei Trost gab.»[9] Wie in der *Vita Nova* ist es eine *donna gentile*,[10] die auf unverhoffte Weise dennoch Trost bringt, nämlich die Philosophie, die Dante durch die Lektüre des Trostbu-

---

8   Vgl. dazu die Ausführungen unten S. 39.

9   *Convivio* II, xii, 1, Fioravanti, S. 296: «E però, principiando ancora da capo, dico che, come per me fu perduto lo primo diletto della mia anima, dello quale fatta è menzione di sopra, io rimasi di tanta tristizia punto, che conforto non mi valeva alcuno.» Übersetzung Ricklin II, S. 65.

10  Zur Entwicklung, Bedeutung und Wichtigkeit des Syntagmas *donna gentile* in Dantes Schrifttum vgl. den grundlegenden Artikel dazu in der *Enciclopedia Dantesca* (II, 574a–577a) von Giorgio Petrocchi.

ches von Boethius und des Freundschaftstraktats von Cicero zu Gesicht bekommt: «Und wie es vorzukommen pflegt, dass ein Mensch Silber suchen geht und ohne Absicht Gold findet, das durch eine verborgene Ursache dargebracht wird, vielleicht nicht ohne göttlichen Befehl; [so] fand ich, der ich versuchte mich zu trösten, nicht nur Mittel gegen meine Tränen, sondern Worte von Autoren, von Wissenschaften und von Büchern.»[11] Er versteht, dass die Philosophie ein allerhöchstes Ding, *somma cosa*, ist, und da er sie sich als eine Frau vorstellt, verliebt er sich in sie, die *nobilissima e bellissima Filosofia*.[12]

An dieser Stelle der Erzählung, in der Dante seinen Weg zur Philosophie dem Leser verständlich machen will, fällt dem Leser des *Convivio* ein bemerkenswerter Unterschied zu dem in der *Vita Nova* Berichteten auf. Nach der tröstenden Begegnung mit der *donna gentile* kehrt Dante nach dem Text der *Vita Nova* zu Beatrice zurück,[13] während er im *Convivio* berichtet, er sei dorthin gegan-

---

11  *Convivio* II, xii, 5, Fioravanti, S. 300: «E sì come essere suole che l'uomo va cercando argento e fuori della 'ntenzione truova oro, lo quale occulta cagione presenta; non forse sanza divino imperio, io, che cercava di consolarme, trovai non solamente alle mie lagrime rimedio, ma vocabuli d'autori e di scienze e di libri.» Übersetzung Ricklin II, S. 67.

12  Vgl. *Convivio* II, xii, 5, Fioravanti, S. 300 sowie xii, 9, Fioravanti, S. 304: «E perché, sì comme detto è, questa donna fu figlia di Dio, regina di tutto, nobilissima e bellissima Filosofia.» Vgl. dazu auch den Kommentar von Ricklin II, S. 236.

13  Vgl. dazu das Ende der *Vita Nova*, 31 [2–3] (XLII), Gorni, S. 1062, Übersetzung Cosieru, Kunkel, S. 125: «Und dann möge es dem, der der Herr der Höflichkeit ist, gefallen, dass meine Seele sich aufmachen dürfe, die Herrlichkeit ihrer Herrin zu schauen, nämlich jener gebenedeiten Beatrice, die verklärt ins Angesicht Dessen schaut, der gepriesen ist in alle Ewigkeit.» Diese Ankündigung darf in einem gewissen Sinne als Antizipation der Rückkehr zu Beatrice in der *Commedia* gelesen werden. Jedenfalls ist es unbestreitbar, dass Dante nach der eindeutigen Zuwendung zur Philosophie im *Convivio* zu Beatrice als der Führerin zum Empyreum zurückgekehrt ist.

gen, wo die Philosophie sich zeigt.[14] Er hat sich also dem Studium der Philosophie gewidmet. Was diese Behauptung genau bedeutet, darüber streiten die Fachleute seit Menschengedenken.[15] Was uns an dieser Stelle interessiert, ist die Feststellung, dass die Liebe zur Philosophie nach dieser autobiographischen Rekonstruktion jene zu Beatrice nach einem intensiven inneren, ausführlich geschilderten Kampf ablöst und Dante unerwartete intellektuelle Befriedigung vermittelt, die ihn den Verlust seiner ersten Freude der Seele vergessen lässt. Die Philosophie begegnet ihm zuerst als Trösterin, aber es bleibt nicht dabei. Sie zeigt sich ihm danach als sie selbst und wird in ihrer eigenen Schönheit als solche wahrgenommen.

Es ist deshalb kaum überraschend, dass die Auslegung der Kanzone, welche die vergangenen Ereignisse aufgreift und Anlass gibt, sie im Kommentar zu beschreiben und zu interpretieren, sich im weiteren Verlauf des *Gastmahls*, wie Francis Cheneval überzeugend gezeigt hat, Anlass zu einer eigentlichen Einführung in die Philosophie gibt, die, wie es die diesbezügliche mittelalterliche Literaturgattung will, vor allem drei bedeutende Teile umfasst, nämlich eine *diffinitio philosophie*, eine *commendatio philosophie* und eine *divisio philosophie*.[16] Während Dante die beiden ersten Programmpunkte im dritten Traktat ausführt, widmet er einen ansehnlichen Teil des zweiten Traktats der Wissenschaftseinteilung, zu der ihm die allegorische Deutung des Gedichtanfangs die Möglichkeit bietet: *Voi che 'ntendendo il terzo ciel movete*, «Ihr, die ihr denkend den dritten Himmel bewegt». Der Ausdruck ‹Himmel›, so

---

14  *Convivio* II, xii, 7, Fioravanti, S. 302: «E da questo imaginare cominciai ad andare là dov'ella si dimostrava veracemente, cioè nelle scuole delli religiosi e alle disputazioni delli filosofanti; sì che in picciolo tempo, forse di trenta mesi, cominciai tanto a sentire della sua dolcezza, che lo suo amore cacciava e distruggeva ogni altro pensiero.» Vgl. dazu auch den Kommentar von Ricklin II, S. 228–233.

15  Vgl. zu dieser Frage Fioravantis Kommentar, S. 302–307.

16  Vgl. die Einleitung zu Band 1 der Übersetzung des *Convivio*, insbesondere S. LXXXVIII–XCIX.

lehrt es das 13. Kapitel, meint die Wissenschaften,[17] und diese Identifikation verführt Dante dazu, eine Wissenschaftseinteilung vorzulegen, in der er eine Korrespondenz zwischen dem Himmelsgewölbe mit seinen Sphären und den Wissenschaften ausführlich entwickelt. Wie Thomas Ricklin in seinem ebenso umfänglichen wie reichhaltigen Kommentar zur Stelle nachgewiesen hat, gibt es durchaus Vorlagen zu diesem Versuch, das Weltgebäude als Schlüssel zu einer Wissenschaftseinteilung zu benutzen.[18] Dennoch ermöglicht dieser Teil von Dantes Schrift einen lehrreichen Einblick in die Besonderheit und Eigenheit seines Philosophiekonzepts, das hier nur andeutungsweise entwickelt werden kann.

Dantes der Tradition verpflichtetes Verständnis des Kosmos liefert den Leitfaden: Auf die sieben Planetenhimmel folgen nach dieser Konzeption der Fixsternhimmel, der Kristallhimmel und das Empyreum, so dass sich ein Gefüge von zehn Himmeln ergibt, deren Verhältnis zu den Wissenschaften Dante folgendermaßen zusammenfasst:

> «Den sieben ersten [Himmel] entsprechen die sieben Wissenschaften des Trivium und des Quadrivium, also Grammatik, Dialektik, Rhetorik, Arithmetik, Musik, Geometrie und Astronomie. Der achten Sphäre, d.h. dem Fixsternhimmel entspricht die Naturwissenschaft, die Physik heißt, und die erste Wissenschaft, die Metaphysik heißt; und der neunten Sphäre entspricht die Wissenschaft der Moral; und dem ruhenden Himmel entspricht die göttliche Wissenschaft, die Theologie genannt wird.»[19]

---

17  *Conivivio* II, xiii, 2, Fioravanti, S. 306: «Dico che per cielo io intendo la scienza e per cieli le scienze.»

18  Übersetzung Ricklin II, S. 237–302.

19  *Convivio*, II, xiii, 8, Fioravanti, S. 310: «Alli sette primi rispondono le sette scienze del Trivio e del Quadruvio, cioè Gramatica, Dialetica, Rettorica, Arismetica, Musica, Geometria e Astrologia. All'ottava spera, cioè alla stellata, risponde la scienza naturale, che Fisica si chiama, e la prima scienza, che si chiama Metafisica; alla nona spera risponde la Scienza morale; ed al cielo quieto risponde la scienza divina, che è Teologia appellata.» Übersetzung Ricklin II, S. 71.

Es ist im Rahmen dieses Vortrages nicht möglich, Dantes Entfaltung dieser Wissenschaftseinteilung in all ihren signifikativen Aspekten zu präsentieren, ich hebe, in einer kaum zu legitimierenden Willkür, nur vier Punkte hervor, die mir bedeutsam scheinen:

1. Dem Mondhimmel entspricht die Grammatik. Seinen eigenen methodischen Regeln folgend erwähnt Dante zwei Eigenschaften des Himmels, die eine Ähnlichkeit mit der Grammatik aufweisen. Am Mond, so meint Dante, fallen uns im Vergleich mit den anderen Sternen nicht nur die Mondflecken, sondern ebenfalls die Mondphasen auf:

> «Und diese beiden Eigenschaften hat die Grammatik: denn wegen ihrer Unendlichkeit können diese Strahlen der Vernunft in ihr an kein Ende gelangen, vor allem bezüglich der Vokabeln; und sie leuchtet mal von hier und mal von da, insofern als gewisse Vokabeln, gewisse Deklinationen und gewisse Konstruktionen jetzt in Gebrauch sind, die es früher nicht waren oder es bereits waren und wieder sein werden.»[20]

In diesen Sätzen zur Veränderlichkeit der Sprachen kommt nicht nur Dantes Interesse am Phänomen der Sprache zum Ausdruck, sondern überhaupt seine Sensibilität für die menschliche Endlichkeit und Geschichtlichkeit. Wie kaum ein anderer Philosoph des Mittelalters hat Dante über diesen Aspekt der Sprache nachgedacht, wie die Rede Adams im 26. Gesang des *Paradiso* bestätigt, wo in eindeutiger Weise einerseits der Mensch als Spracherfinder und andererseits die notwendige Variabilität der Sprachen betont wird.[21]

---

20    *Convivio* II, xiii, 10, Fioravanti, S. 312: «E queste due propietadi hae la Gramatica: ché per la sua infinitade li raggi della ragione in essa non si terminano, in parte spezialmente delli vocabuli; e luce or di qua or di là, in tanto [in] quanto certi vocabuli, certe declinazioni, certe construzioni sono in uso che già non furono, e molte già furono che ancor saranno.» Übersetzung Ricklin II, S. 73.

21    Vgl. dazu den zitierten Passus sowie den dazugehörigen Kommentar unten S. 31.

In seiner lateinischen Schrift *De vulgari eloquentia*, die ausschließlich dem Problem der Sprache gewidmet ist, wird die Problematik der nachbabelischen Sprachentwicklung ausführlich untersucht, und der italienische Philosoph legt die Vervielfältigung der Sprachen nicht nur, wie es üblich ist, als eine göttliche Strafe aus, sondern versucht dafür eine vernünftige Erklärung zu geben, die er in der menschlichen Natur entdeckt:

> «Da aber alle unsere Sprachen [...] nach jener Verwirrung, die nichts anderes war als das Vergessen der früheren [Sprache], nach unserem Gutdünken neu gebildet wurden und da der Mensch ein äußerst unstetes und veränderliches Lebewesen ist, können sie weder dauerhaft noch beständig sein, sondern müssen sich wie anderes, was zu uns gehört, zum Beispiel Sitten und Gebräuche, aufgrund des Abstandes von Ort und Zeit verändern.»[22]

Dante liefert hier eine innovative Deutung der allen Philosophen seit Aristoteles geläufigen These, die menschliche Sprache sei *ad placitum* entstanden. Diese Auslegung ist deshalb bedeutsam, weil sie einerseits von einer besonderen Sensibilität für den geschichtlichen Wandel zeugt und andererseits dieser Faktizität durchaus etwas Positives abzugewinnen vermag.

2. Die Logik, die Dialektik, kann mit dem Merkurhimmel verglichen werden. Dante war durch die Logik, auf deren Corpus der *Logica vetus* und der *Logica nova* er an der fraglichen Stelle des *Convivio* hinweist, fasziniert. Was an einer Stelle des *Inferno* ein Teufel zu bedenken gibt, ist auch ein Einwurf Dantes an seinen Leser: «Forse/ tu non pensavi ch'io logico fossi», «Du hast vielleicht

22  *De vulgari eloquentia* I, ix, 6, Tavoni, S. 1220–1222: «Cum igitur omnis nostra loquela, [...], sit a nostro beneplacito reparata post confusionem illam que nil fuit aliud quam prioris oblivio, et homo sit instabilissimum atque variabilissimum animal, nec durabilis nec continua esse potest; sed sicut alia que nostra sunt, puta mores et habitus, per locorum temporumque distantias variari oportet.» Übersetzung Cheneval, S. 29.

nicht geglaubt, ich sei ein Logiker».[23] Wie sehr ihm Logik am Herzen liegt, lässt sich hundertmal in seinem Werk bestätigen, wohl am eindrücklichsten in der *Monarchia*. Besonders auffallend ist der Gebrauch der Logik im dritten Buch des politischen Traktats, wo Dante die biblischen Argumente zugunsten der päpstlichen *plenitudo potestatis* mit dem Nachweis logischer Fehler in der Argumentation der Gegner zurückweist. Wir können hier an das 8. Kapitel erinnern, wo das berühmte Argument der universalen Binde- und Lösegewalt des Papstes nach *Matthäus* 16,19 zur Debatte steht: «Alles, was du auf Erden binden wirst, wird auch im Himmel gebunden sein.» Nach der Auffassung der von Dante angegriffenen Gegner bedeutet dieses Bibelwort, dass der Papst Gesetze und Erlasse der zeitlichen Regierung festlegen und auflösen könne. In einem ersten Schritt seiner Widerlegung transformiert Dante die gegnerische Argumentation in einen Syllogismus und in einem zweiten Schritt weist er nach, dass in dieser Angelegenheit alles von der logisch korrekten Auslegung des universalen Terminus ‹alles› (*universale terminus omne*) abhängt.[24] Es folgt nun ein kurzer Exkurs, in dem Dante die im Logikhandbuch des Petrus Hispanus dargestellte Lehre der *distributio terminorum*, der universalen Quantifikation erörtert, zusammenfasst und auf sein Problem anwendet, mit dem Ergebnis, dass eine logisch korrekte Deutung des Bibelsatzes keineswegs erlaubt, ihn im Sinne der weltlichen Macht des Papstes zu interpretieren. Vielleicht noch überraschender ist ein anderes Beispiel. Im ersten Teil des 26. Gesangs des *Paradiso* wird der dritte Teil des theologischen Magisterexamens Dantes vorgestellt.[25] Nachdem ihn die Apostel Jakob und Petrus vorher über den Glauben und die Hoffnung befragt

23    *Inferno* XXVII, 122–123, Inglese, S. 328.
24    Zum Folgenden vgl. den Kommentar bei Imbach, S. 322–323.
25    Zum Folgenden vgl. ebenfalls: Ruedi Imbach / Silvia Maspoli: «Philosophische Lehrgespräche in Dantes 'Commedia'», S. 291–321, insbesondere S. 318–321.

haben (*Paradiso* XXIV und XXV), prüft ihn Johannes hier über die Liebe. Dante beantwortet die Prüfungsfrage mit einem kurzen Diskurs, der zu den wichtigsten Passagen der *Komödie* überhaupt gehört, weil darin die These entwickelt wird, Gott sei als das höchste Gut die Ursache der größten Liebe; er ist der unbewegte Beweger der bewegten Welt und des sich bewegenden Menschen. Wer diese Verse, in denen nach Dantes eigener Aussage die Übereinstimmung von Vernunft und Glaube zum Ausdruck kommt,[26] mit Genauigkeit liest, kann feststellen, dass die entsprechenden Terzinen einer genauen logischen Beweisform gehorchen. Zuerst wird ein aus drei Schritten bestehendes Argument vorgetragen (28–39), bevor ein Verweis auf Aristoteles,[27] Moses und Johannes die Beweisführung bestätigt (40–44):

«Und ich: ‹Denn Gutes als Gutes, sofern es erfasst wird, verursacht Liebe. Und diese ist umso grösser, je grösser die Güte ist, die es umfasst.

Deswegen muss sich auf jene Wesenheit, die so erhaben ist, dass alles, was sich ausser ihr befindet, nur ein Strahl ihres Lichtes ist, der Geist dessen, der das Wahre dieses Beweises erfasst, in Liebe mehr als auf irgend etwas Anderes hinbewegen.›»[28]

26  *Paradiso* XXVI, 25–27, Inglese, S. 323. «E io: ‘Per filosofici argomenti/ e per autorità che quinci scende/ cotale amor covien che in me s'imprenti.’» Die Verbindung von rationalen Argumenten mit sog. Autoritäten, d.h. Argumenten aus der Tradition, ist für das scholastische Vorgehen, beispielsweise in den Disputationen kennzeichnend. Johannes bestätigt V. 45–48 (Inglese, S. 325) dieses zweifache Vorgehen: «E io udî: ‘Per intelletto umano/ e per autorità a lui concorde/ d'i tuoi amori a Dio guarde 'l sovrano.’»

27  Mit der Bemerkung (37–39): «Und diese Wahrheit lehrt den Intellekt derjenige, der mir die erste Liebe aller unvergänglichen Substanzen beweist» ist eindeutig Aristoteles gemeint (*Metaphysik* XII).

28  *Paradiso* XXVI, 28–36, Inglese, S. 324: «ché 'l bene, in quanto ben, come s'intende,/ così accende amore, e tanto maggio/ quanto più di bontate in sé comprende;/ dunque ala essenzia ov'è tanto avvantaggio,/ che ciascun ben che fuor di lei si trova/ altro non è ch'un lume di suo raggio,/ più che in altra convien che si mova/ la mente, amando, di ciascun che cerne/ il vero in che si fonda questa prova.» Keine der mir bekannten Übersetzungen ist befriedigend, deshalb wurde der Text neu übersetzt.

Die Argumentation beginnt mit der Klärung der Beziehung von Liebe und dem Guten. In einem zweiten Schritt wird begründet, dass Gott (bezeichnet mit *essenza*/Wesenheit) die Ursache alles Guten in der Wirklichkeit ist. In einem dritten Moment wird daraus geschlossen, dass aus diesem Grunde der Geist sich in Liebe auf Gott hin bewegt. Wenn dieser Dreischritt in die scholastische Fachsprache zurück übersetzt wird, dann ist das Argument mit einem Syllogismus vergleichbar – und es zeigt sich, wie sehr selbst die poetische Ausdrucksweise mit den logischen Beweisverfahren der Scholastik verknüpft ist.[29]

3. Die Ausführungen zur Arithmetik, die mit der Sonne verglichen werden kann, verdeutlichen einmal mehr, wie sehr Dante dieses Gestirn, das ja bekanntlich im letzten Vers der *Commedia* Erwähnung findet, schätzt, wenn er sein heiliges Gedicht beschließend von der Liebe spricht, die die Sonne und die anderen Gestirne bewegt.[30] In der Stelle des *Convivio*, wo von der Arithmetik die Rede ist, wird hervorgehoben, dass die Arithmetik alle anderen Wissenschaften erhelle, genauso wie die Sonne alle anderen Sterne erleuchte.[31] Dass er sich mit der Frage der Ausstrahlung der Sonne auseinandergesetzt hat und sie richtig verstanden wissen will, das belegt neuerdings eine aufschlussreiche Stelle aus dem dritten Buch der *Monarchia*. Der Passus, um den es sich handelt (III, iv), bezieht sich auf die allegorische Auslegung von Sonne und Mond zugunsten der weltlichen Herrschaft des Papstes. Dante fasst die Argumentation der Gegner folgendermaßen zusammen:

---

29 In die Sprache der Scholastik zurückübersetzt lautet die Argumentation von V. 28–39 so: Das Gute verursacht Liebe. Gott ist Ursache von allem Guten. Gott ist die Ursache der Liebe.

30 *Paradiso* XXXIII, 145, Inglese, S. 404: «l'amor che move il sole e l'altre stelle».

31 *Convivio* II, xiii, 15, Fioravanti, S. 314.

«Danach argumentieren sie: So wie der Mond, welcher der kleinere Lichtträger ist, kein Licht besitzt, es sei denn, er erhalte es von der Sonne, ebenso besitzt die zeitliche Regierung keine Autorität, es sei denn, sie empfange sie von der geistlichen Regierung.»[32]

Die überraschend ausführliche Kritik an diesem Argument besteht vornehmlich aus einer Kritik am Missbrauch allegorischer Deutungen und endet schließlich mit einer Bemerkung zu dem, was wir die Selbständigkeit des Mondes nennen können. Der Mond, so argumentiert hier Dante, ist nicht nur ontologisch von der Sonne unabhängig, sondern auch seine Bewegung hängt nicht von der Sonne ab. Vor allem aber «habet aliquam lucem ex se», er besitzt selbst ein gewisses Licht.[33] Wenn Dante hier eine fragwürdige kosmologische Erklärung heranzieht, um die theokratische Lehre zu bekämpfen, so bestätigt dies vor allem, dass er an Fragen der Astronomie in besonderem Maße interessiert war. Dies wird nicht nur durch die Diskussion zur Erklärung der Mondflecken bestätigt, mit denen sich Beatrice in einer ausführlichen Rede im 2. Gesang des *Paradiso* beschäftigt und wo sie Dantes frühere diesbezügliche Thesen kritisiert,[34] sondern vor allem durch das Urteil, das Dante in der Wissenschaftseinteilung des *Convivio* über die Astronomie ablegt, wenn er sagt, so wie der Saturn der

---

32  *Monarchia* III, iv, 3, Quaglioni, S. 1245: «Deinde arguunt quod, quemadmodum luna, que est luminare minus, non habet lucem nisi prout recipit a sole, sic nec regnum temporale auctoritatem habet nisi prout recipit a spirituali regimine.» Übersetzung Imbach, S. 191.
33  *Monarchia* III, iv, 18, Quaglioni, S. 1274–1276.
34  *Paradiso* II, 46–105. Dieser für das Philosophieverständnis Dantes besonders wichtige Gesang verdiente einen ausführlichen Kommentar. Von besonderer Bedeutung ist die methodische Bemerkung Beatricens, dass die menschliche Erkenntnis auf die Sinneserfahrung angewiesen ist (52–57, Inglese, S. 51): «Sie lächelte ein wenig und sagte mir dann: 'Wo der Schlüssel der Sinne nichts aufschliesst, irrt die Meinung der Sterblichen. Die Pfeile der Verwunderung dürften dich nicht mehr verletzen, wenn du siehst, wie kurz die Flügel der Vernuft sind, wenn sie über die Sinne hinausfliegt.'» Ebenfalls zu beachten die Verse 94–96, Inglese, S. 54.

höchste aller Planeten sei, komme auch der Astronomie unter den sieben freien Künsten der erste Rang zu: Zur Begründung dieses Vorranges beruft sich Dante auf Aristoteles, nach dem der Rang einer Wissenschaft durch den Adel ihres Gegenstandes und den Grad ihrer Gewissheit bestimmt wird. Da die Astronomie von der vorzüglichsten aller Bewegungen handelt, kommt ihr also dieser Rang zu und sie beruht zudem auf den sichersten wissenschaftlichen Prinzipien.[35]

4. Ein letzter Aspekt von Dantes Wissenschaftseinteilung verdient unsere Beachtung. Wie ich bereits erwähnt habe, werden die drei höheren Himmelssphären mit der Physik, der Metaphysik, der Moralphilosophie und der Theologie verglichen. Physik und Metaphysik werden dem Fixsternhimmel zugeordnet, während die *filosofia morale* nach Dantes Urteil mit dem Kristallhimmel zu vergleichen ist.[36] Um die Bedeutung dieser Anordnung richtig einzuschätzen, muss daran erinnert werden, dass der Kristallhimmel alle Himmelsbewegungen ordnet, d.h. letztlich auch für das gesamte Werden und Vergehen in der irdischen, sublunaren Welt, das von der Himmelsbewegung abhängt, verantwortlich ist. Ein Stillstand des *primo mobile*, des Kristallhimmels, hätte deshalb unabsehbare Folgen:

> «Tatsächlich wäre hier unten kein Werden und Leben von Lebewesen und von Pflanzen; es gäbe weder Nacht noch Tag, noch gäbe es Wochen, Monate und Jahre, sondern das ganze All wäre in Unordnung und die Bewegung der anderen Himmel wäre vergebens.»[37]

---

35  Vgl. *Convivio* II, xiii, 28–30, Fioravanti, S. 322–324.
36  *Convivio* II, xiii, 14, Fioravanti, S. 332–336.
37  *Convivio* II, xiv, 17, Fioravanti, S. 336: «E da vero non sarebbe quaggiù generazione né vita d'animale o di pianta; notte non sarebbe né die, né settimana né mese né anno, ma tutto l'universo sarebbe disordinato, e lo movimento delli altri sarebbe indarno.» Übersetzung Ricklin II, S. 87.

Die Tragweite des Vergleichs des Kristallhimmels mit der Moralphilosophie wird dadurch sichtbar: diese wird an Stelle der Metaphysik zur Ersten Philosophie erhoben. Welch entscheidende Konsequenzen dieser Primat der praktischen Philosophie gegenüber der theoretischen Philosophie mit sich bringt, wird aus der Erklärung deutlich, die Dante vorträgt:

> «Und nicht anders wären, würde die Moralphilosophie aufhören, die anderen Wissenschaften eine gewisse Zeit lang verborgen und es gäbe weder Werden von Glück noch glückliches Leben.»[38]

Die gesamte Philosophie wäre, so müssen wir folgern, umsonst erfunden worden. Wenn wir berücksichtigen, dass das Syntagma *filosofia morale* im Sinne Dantes die politische Philosophie nicht nur einschließt, sondern dass die politische Philosophie die praktische Philosophie vollendet, dann wird deutlich, dass sich hier ein einschneidender Wandel der Philosophiekonzeption vollzieht, dessen Quintessenz im Satz «la moralitade e belleza della Filosofia», «die Sittlichkeit ist die Schönheit der Philosophie»[39] prägnant zum Ausdruck kommt. Wir können festhalten, dass nach dem italienischen Philosophen nicht die Metaphysik als Vollendung der theoretischen Philosophie die höchste Wissenschaft darstellt, sondern die praktische Philosophie. Es ist nicht übertrieben, hier von einem eindeutigen Primat der praktischen Vernunft zu sprechen, wie wir ihm später wiederum bei Kant begegnen. Dieser Vorrang der praktischen Philosophie gilt ebenfalls für die *Commedia*. Diese wichtige Feststellung kann durch das Gespräch von Beatrice mit Vergil zu Beginn des Werkes bestätigt werden. Im 2. Gesang des *Inferno* gibt Dante seinen Zweifeln Ausdruck; er zweifelt, ob er für die Jenseitswanderung geeignet sei: Ich bin weder Aeneas noch

---

38  *Convivio* II, xiv, 18, Fioravanti, S. 336: «E non altrimenti, cessando la Morale Filosofia, l'altre scienze sarebbero celate alcuno tempo, e non sarebbe generazione né vita di felicitade, e indarno sarebbero scritte e per antico trovate.» Übersetzung Ricklin II, S. 87–89.

39  *Convivio* III, xv, 11, Fioravanti, S. 506.

Paulus, gibt er zu bedenken. Um dem Zögernden Mut zuzusprechen, erinnert Vergil daran, dass auch er den Auftrag von Beatrice ablehnen wollte. In diesem Zusammenhang fragt Vergil Beatrice, weshalb sie sich nicht gescheut habe, «in diese Enge» herabzukommen. Die Antwort von Beatrice enthält in einem gewissen Sinne die ethische Grundmaxime des ganzen Gedichtes:

> «‹Da Du es so genau wissen willst›, antwortete sie mir, ‹will ich dir kurz sagen, warum ich keine Angst habe, hier hereinzukommen. Fürchten muss man nur, was mächtig genug ist, einem andern zu schaden. Alles andere nicht, weil es keine Angst einjagen kann.›»[40]

Es darf gefolgert werden: Die Erklärung der zurückgekehrten *donna gentile* gibt einen folgenschweren Hinweis darauf, dass die *Commedia* die im *Convivio* gewonnene Einsicht, dass die Ethik die erste Philosophie ist, durch eine theologische Ausrichtung ergänzt, weiterführt und vollendet.

---

[40]  *Inferno* II, 85–90, Inglese, S. 73: « 'Da che tu vuo' saver cotanto a dentro,/ dirotti brieve-mente', mi rispuose,/ 'perch'io non temo di venir qua entro./ Temer si dèe di sole quelle cose/ c'hanno potenza di fare altrui male;/ dell'altre no, ché non son paurose.'» Die Übersetzung des zentralen Satzes musste in der Übersetzung von Flasch durch die notwendige Hinzufügung von «einem anderen» korrigiert werden. Keine der mir zur Verfügung stehenden Übersetzungen hat meines Erachtens die Bedeutung dieses Passus richtig erkannt. Nach meiner Einschätzung handelt es sich um einen der wichtigsten Sätze der gesamten *Commedia*, in dem der grundlegende Imperativ der Minimalethik ausgedrückt wird. Ruwen Ogien hat mehrfach das Grundprinzip der Minimalethik, wie folgt, zusammengefasst: «Ne pas nuire aux autres, rien de plus.» Vgl. Roberto Merrill / Patrick Savidan (Hg.): Du Minimalisme moral. Essais pour Ruwen Ogien, Paris 2018.

## III  Philosophie der Sprache

Zum Einstieg in diese neue Thematik möchte ich einen kurzen Passus aus dem dritten Teil der *Commedia* zugrunde legen und anhand dieses Textes das Gesicht der Philosophie Dantes etwas genauer zeichnen.

Die Sprache des Textes, von dem ich ausgehe, ist italienisch, der Originaltext ist in den Fußnoten abgedruckt. In der deutschen Übersetzung von Kurt Flasch lautet der Passus:

> «Die Sprache, die ich benutzte, war schon ganz erloschen, bevor Nimrods Leute das unvollendbare Werk begannen. Nichts, was Vernunft je hervorbrachte, hat für immer gedauert, denn das Verlangen der Menschen ändert sich mit dem Lauf der Sterne. Es gehört zur Natur, dass der Mensch spricht, aber ob so oder so, das überlässt die Natur euch, wie es euch gefällt. Bevor ich zur Höllenangst herunterstieg, war 'I' der Name des höchsten Guts, von dem die Freude kommt, die mich umgibt; danach war sein Name 'El'. Dieser Wandel musste sein, denn die Gewohnheiten der Sterblichen sind wie Laub am Zweig, das kommt und geht.»[41]

Es handelt sich bei diesem Textstück um einen kurzen Ausschnitt aus dem 26. Gesang des *Paradiso*. Die von mir zitierten Verse sind, nach der dichterischen Einbildung Dantes, Worte Adams, die er an Dante richtet, der in den drei vorangehenden Gesängen bei den drei Aposteln Petrus, Jakobus und Johannes eine Art Examen

---

41  *Paradiso* XXVI, 124–138, Inglese, S. 330–331: «La lingua ch'io parlai fu tutta spenta/ innanzi che a l'ovra inconsumabile/ fosse la gente di Nembròt attenta:/che nullo effetto mai razïonabile,/ per lo piacere uman che rinovella/ seguendo il cielo, sempre fu durabile./ Opera naturale è ch'uom favella;/ ma così o così, natura lascia/ poi fare a voi secondo che v'abbella:/ pria ch'io scendessi a l'infernale ambascia,/ 'I' s'appellava in terra il sommo Bene/ onde vien la letizia che mi fascia,/ e 'El' si chiamò poi e ciò convene,/ che l'uso d'i mortali è come fronda/ in ramo, che sen va e altra vene.» Übersetzung Flasch, S. 386.

25

abgelegt hat, das ich gerne mit einem Doktoratsexamen vergleiche. Dante hat dank der bestandenen Prüfung zu Glaube, Hoffnung und Liebe gleichsam die Würde eines Magisters der Theologie erlangt. Im zweiten Teil des 26. Gesanges, aus dem das Zitat entnommen ist, begegnet Dante dem Stammvater des menschlichen Geschlechtes und ist darüber außergewöhnlich erfreut, vor allem deshalb, weil er seinem Urahnen vier Fragen stellen möchte. Die eine dieser Fragen betrifft die Sprache, die der erste Mensch gesprochen haben soll: Du willst wissen, sagt Adam, «l'idïoma ch'usai e che fei», welche Sprache ich brauchte und welche ich schuf.

Der Passus, den ich erläutern möchte, ist nicht nur ein ansprechendes Beispiel für Erich Auerbachs berühmte und schwerwiegende These, die Dichtung der *Komödie* sei «eminent philosophisch»,[42] sondern kann uns als Ausgangspunkt dienen für den Versuch, uns Dantes Sprachphilosophie anzunähern.

Der Passus enthält eine biblische Reminiszenz, wenn hier von Nimrod die Rede ist: Es ist eine Anspielung an den im Buch *Genesis* (10,9–10) erzählten Turmbau von Babel und an die damit verbundene Sprachverwirrung. Es ist bereits das dritte Mal, dass Dante in seinem Werk an diesen biblischen Mythos erinnert. Im 31. Gesang der *Hölle* begegnen Dante und Virgil Nimrod, dem König von Babel, der den Bau des Turmes angeregt haben soll und der der christlichen Tradition deshalb als der Inbegriff des Stolzes gilt. Die riesenhafte Gestalt ruft den beiden Wanderern unverständliche, sinnlose Sprachbrocken entgegen: *Raphel mai amecche zabi almi.* Vergil

---

42  Dante als Dichter der irdischen Welt, S. 194: «Die Dichtung der Komödie ist eine eminent philosophische: nicht sowohl wegen der philosophischen Lehren an sich, die das Gedicht vorträgt, als vielmehr weil der Geist der Lehren den Dichter zwingt, philosophisch zu dichten [...]. So wie die philosophische Arbeit aus den Erscheinungen die reinen Ideen abstrahiert, so zieht diese dichterische Arbeit aus ihnen die wahre Gestalt, die Leib und Geist zugleich ist.»

erklärt Dante die Bedeutung dieser offensichtlich bedeutungslosen Sprache:

> «Das ist Nimrod, dessen böser Plan schuld ist, dass es nicht nur eine Sprache auf der Welt gibt. Lassen wir ihn stehen und reden wir nicht ins Leere, denn für ihn ist jede Sprache wie für andere die seine: niemand kennt sie.»[43]

Nimrod versinnbildlicht also eine Sprache, die ihre Funktion nicht erfüllt, sein Vorhaben wird in unserem Passus ein unvollendbares Werk genannt.[44]

Wichtiger als diese biblische, mythische Reminiszenz sind indes die beiden *philosophischen Thesen*, die die Rede Adams im 26. Gesang des *Paradiso* enthält. Zum einen ist es die These, die Sprache sei dem Menschen natürlich, zum anderen die anthropologische Lehre der Vergänglichkeit und Wandelbarkeit menschlichen Tuns und menschlicher Werke, auf die zweimal hingewiesen wird. Zuerst weist Dante auf die Unbeständigkeit hin, mit einer aus der Schulphilosophie ähnelnden Sprache, wenn er sagt, keine vernünftige Wirkung, das meint kein Werk der menschlichen Vernunft, sei beständig, dann aber, gegen Schluss unseres Zitates, braucht Dante das Bild der fallenden Blätter. Dieses zweite Bild ist eine Aufnahme einer Stelle aus Horaz,[45] die Dante bereits im *Gastmahl* zitiert, wo er sagt: «Viele Wörter werden wieder erstehen, die bereits verfallen sind.»[46] Eine bedeutungsvolle Konsequenz ergibt

---

43   *Inferno* XXXI, 76–81, Inglese, S. 364–365: «Poi disse a me: 'Elli stesso s'accusa;/ questi è Nembrotto per lo cui mal cóto/ pur un linguaggio nel mondo non s'usa./ Lasciàllo stare e non parliam a vòto:/ ché così è a lui ciascun linguaggio/ come 'l suo ad altrui, ch'a nullo è noto.'» Übersetzung Flasch, S. 129.

44   Von Nimrod ist ebenfalls die Rede in *Purgatorio* XII, 34–36; vgl. ebenfalls *De vulgari eloquentia* I, vi, 4–5, Tavoni, S. 1186–1188, wo der Turmbau von Babel besprochen wird.

45   *Ars poetica* 60–61 und 70–71: «Ut silvae foliis pronos mutantur in annos,/ prima cadunt; ita verborum vetus interit aetas […] que nunc sunt in honore vocabula, si volet usus.»

46   *Convivio* II, xiii, 10, Fioravanti, S. 312.

sich aus dieser Lehre der Vergänglichkeit und Hinfälligkeit, sie wird hier anhand des Namens Gottes verdeutlicht: Nach Dantes Aussage war der erste Name Gottes I; erst später haben die Menschen Gott El genannt. Daraus folgt, dass Adams Sprache nicht das Hebräische war, sondern eine andere Sprache, die, wie der Text selber präzisiert, dann verschwunden ist. Wir werden sehen, was sich in diesen Aussagen alles verbirgt.

Was uns allerdings an diesem Textpassus in besonderem Maße interessiert, ist der Bezug zu Dantes früher Schrift zur Volkssprache, *De vulgari eloquentia*, da er in diesem Werk alle Themen, die hier angedeutet werden, in einem traktathaften Zusammenhang ausführlich erörtert und diskutiert hat.

## 1 «Der Mensch ist das am meisten unstete und am meisten unbeständige Lebewesen»

Bei der Lektüre der Rede Adams ist uns die Lehre von der Vergänglichkeit und Hinfälligkeit der menschlichen Werke begegnet. Ich sagte bereits, dass Dante diese Lehre in *De vulgari eloquentia* ebenfalls aufstellt und diesmal philosophisch zu begründen versucht. Diese Begründung liefert uns überdies ein sprechendes Beispiel einer originellen Anwendung eines scholastischen Grundsatzes auf ein ganz neues Gebiet, ein Vorgehen, das uns jene Besonderheit von Dantes Arbeitsweise zeigt, die Zygmunt Baranski treffend als ganz persönlichen Synkretismus bezeichnet hat.[47] Im neunten Kapitel von *De vulgari eloquentia* geht es darum zu erklären, «warum das Ursprüngliche (Idiom) sich dreigeteilt hat; und warum sich jede dieser Varianten selbst noch in sich un-

---

47    Zygmunt Baranski: «Dante *poeta* e *lector*: poesia e riflessione tecnica»,
      S. 81–110, vgl. ebenfalls: Dante e i segni. Saggi per una storia intellettuale
      di Dante Alighieri.

terscheidet».[48] Dante findet für dieses sprachhistorische Problem eine philosophische Begründung, deren Vorbild in der scholastischen Tradition zu suchen ist:

> «Wir behaupten nämlich, dass keine Wirkung ihre Ursache übertrifft, denn nichts kann bewirken, was es nicht ist.»[49]

Dante greift hier einen Grundsatz auf, den wir in der scholastischen Theologie oder Philosophie immer wieder antreffen und der sowohl in der Metaphysik als auch in der Physik Geltung besitzt. So sagt beispielsweise Thomas: «Die Wirkung kann sich nicht weiter erstrecken als die Ursache.»[50] Was mir interessant scheint, ist die Tatsache, dass Dante diesen allgemeinen physischen und ontologischen Grundsatz hier auf das Sprechen des Menschen bezieht, indem dieses als etwas vom Menschen Hervorgebrachtes interpretiert wird. Der Mensch ist ein endliches und der Veränderung unterworfenes Wesen, deswegen ist das, was er bewirkt und verwirklicht, wie er selber veränderlich. Es ist leicht festzustellen, dass in Adams Rede diese Überlegung in resümierter Form aufgegriffen wird, wenn wir hier lesen: dass keine «vernünftige Wirkung» (*effetto razionabile*) je dauerhaft war.

Mit Hilfe des erwähnten scholastischen Prinzips zeigt Dante nun in *De vulgari eloquentia*, dass die Vervielfältigung der Sprachen nicht das Produkt des bloßen Zufalls ist, sondern einer gewissen Strukturiertheit der Wirklichkeit entspricht und das Wesen des Menschen spiegelt:

---

48  *De vulgari eloquentia* I, ix, 4, Tavoni, S. 1218.
49  *De vulgari eloquentia* I, ix, 6, Tavoni, S. 1220, Übersetzung Cheneval, S. 29. Zu den Quellen dieses Lehrsatzes vgl. den Kommentar von Imbach/Suarez, S. 111; vgl. auch *Convivio* II, iv, 14; *Monarchia* II, vi, 1 und III, xiii, 6.
50  Thomas von Aquin: *Liber de veritate Catholicae Fidei contra errores Infidelium seu Summa contra gentiles*, I, c. 43, n. 366, vol. II, Turin 1961, S. 54: «effectus non potest extendi ultra suam causam.»

«Wir behaupten nämlich, dass keine Wirkung ihre Ursache übertrifft, insofern sie Wirkung ist, denn nichts kann bewirken, was es nicht ist. Da aber alle unsere Sprachen – außer jener, die Gott zusammen mit dem ersten Menschen erschaffen hat – nach jener Verwirrung, die nichts anderes war als das Vergessen der früheren [Sprache], nach unserem Gutdünken neu gebildet wurden und da der Mensch ein äußerst unstetes und veränderliches Lebewesen ist, können sie weder dauerhaft noch beständig sein, sondern müssen sich wie anderes, was zu uns gehört, zum Beispiel Sitten und Gebräuche, aufgrund des Abstandes von Ort und Zeit verändern.»[51]

Diese Überlegungen erforderten einen ausführlichen Kommentar. Ich möchte nur zwei Bemerkungen machen:

1. Hier wird der Mensch als ein Wesen beschrieben, das dem zeitlichen Wandel unterworfen ist. Die lateinische Formulierung ist sehr aussagekräftig: *instabilissimum atque variabilissimum animal*. Ich bin der Meinung, dass Dante an dieser Stelle diese Feststellung nicht negativ wertet. Es gibt in der abendländischen Tradition griechisch-christlicher Prägung eine Fixierung auf die Unveränderlichkeit, die unterstellt, dass etwas umso vollkommener und edler ist, je unveränderlicher es ist. Wenn Dante von dem, «was zu uns gehört» («que nostra sunt»), d.h. Sitten, Gebräuche und alles, was der Mensch hervorbringt, sagt, es müsse sich verändern, dann stimmt er nicht in das geläufige Lamento über die Veränderlichkeit ein, sondern hält etwas fest, wovon die Reflexion auszugehen hat. Man darf sich nicht darüber wundern, dass heute in Pavia eine Sprache

51  *De vulgari eloquentia* I, ix, 6, Tavoni, S. 1220–1222: «Dicimus ergo quod nullus effectus superat suam causam in quantum effectus est, quia nil potest efficere quod non est. Cum igitur omnis nostra loquela, preter illam homini primo concreatam a Deo, sit a nostro beneplacito reparata post confusionem illam que nil aliud fuit quam prioris oblivio, et homo sit instabilissimum atque variabilissimum animal, nec durabilis nec continua esse potest; sed sicut alia que nostra sunt, puta mores et habitus, per locorum temporumque distantias variari oportet.» Übersetzung Cheneval, S. 29.

gesprochen wird, die frühere Bewohner nicht verstehen könnten.[52] Diese Feststellung erlaubt ihm auch, den biblischen Mythus von der babylonischen Sprachverwirrung vernünftig zu erklären: Die Vervielfältigung der Sprachen bedarf keines göttlichen Eingriffes, sie ergibt sich aus der menschlichen Konstitution. Am Anfang von *De vulgari eloquentia* I, ix drückt sich Dante ganz klar aus: Er begibt sich jetzt, wenn er die Entstehung der vielen Sprachen erklären will, auf ein Gebiet, das bisher noch nicht erforscht wurde und für das keine Autorität zur Verfügung steht. Es gilt daher, die Vernunft auf die Probe zu stellen.[53]

2. In der *Commedia*, in Adams Rede,[54] hat Dante die Konsequenzen dieser Überlegungen bis in die letzten Konsequenzen durchdacht: In der Frühschrift antwortet Dante auf die Frage, welche Sprache Adam gesprochen habe, mit der Antwort, er habe hebräisch gesprochen, und es wird des Weiteren vorausgesetzt, dass Gott diese heilige Sprache Adam bei der Erschaffung eingepflanzt habe. Wenn wir den Text der *Commedia* genau lesen, so stellen wir fest, dass sich Dantes Konzeption entwickelt hat. Er ist jetzt (ca. 12 Jahre später) nicht nur der Meinung, dass die Sprache eine Schöpfung des Menschen sei («l'idioma ch'usai e che fei»), sondern dass Adam eine Sprache erfunden hat, die nachher verschwunden ist («Die Sprache, die ich sprach, war schon ganz erloschen»), sie war vergänglich, wie alles Menschliche vergänglich ist. Das wird durch den Namen Gottes veranschaulicht. In *De vulgari eloquentia* wird ausdrücklich erklärt, dass das erste Wort, das Adam aus-

52  *De vulgari eloquentia* I, ix, 7, Tavoni, S. 1224.
53  *De vulgari eloquentia* I, ix, 1, Tavoni, S. 1212.
54  Vgl. oben S. 25.

gesprochen hat, El war, also die Bezeichnung Gottes in Hebräisch. In *Paradiso* XXVI erfindet Dante ein Wort, I, das in der Sprache Adams Gott bedeutete.


## 2 «Dem Menschen allein ist Sprache gegeben»

Wie wir erwähnt haben, will Dante die These beweisen, dass von allen Seienden allein der Mensch Sprache hat: «soli homini datum est loqui.»[55] Ich möchte Dantes Beweisgang kurz besprechen (*De vulgari eloquentia* I, ii und iii). Er beruht auf drei Voraussetzungen.

Die erste dieser Voraussetzungen besteht in einem hierarchischen Wirklichkeitsverständnis, dem gemäß der Mensch zwischen Engeln als rein geistigen Substanzen und den Tieren andererseits steht. In der *Monarchia* wird dieser Sachverhalt mit dem Bild des Horizontes ausgedrückt: Der Mensch ist gleichsam der Horizont zwischen der niederen und der oberen Welt.[56]

Dantes Konzeption der kosmischen Ordnung liefert die zweite Voraussetzung: Er geht davon aus, dass im geordneten Universum alles seinen ihm zukommenden Platz sowie seine in das Gesamtziel des Ganzen eingefügte Aufgabe besitzt. Der Gedanke, dass die Natur nichts vergebens verwirklicht, beherrscht die folgende Argumentation:

---

55  *De vulgari eloquentia* I, ii, 1, Tavoni, S. 1138.
56  *Monarchia* III, xvi, 3, Quaglioni, S. 1392–1394: «Ad huius autem intelligentiam sciendum est, quod homo solus in entibus tenet medium corruptibilium et incorruptibilium; propter quod recte a phylosophis assimilatur orizonti, qui est medium duorum emisperiorum.» Vgl. Thomas von Aquin, *Summa contra gentiles*, II, 68, n. 1453: «Et inde est quod anima intellectualis dicitur esse quasi quidam horizon et confinium corporeum et incorporeum.» Ebenfalls IV, 55, n. 1453.

«Sie ist unser wahres erstes Sprechen. Ich sage aber nicht ‹unser›, wie wenn es ein anderes Sprechen gäbe als die [Sprache] des Menschen, denn von allen Seienden wurde das Sprechen allein dem Menschen gegeben, da es nur für ihn notwendig war. Weder für die Engel noch für die Tiere, die unter uns stehen, war es notwendig zu sprechen, vielmehr wäre es ihnen überflüssigerweise gegeben worden: Davor allerdings schreckt die Natur zurück.»[57]

«Quod nempe facere natura abhorret», diese Formulierung ist eine freie Nachahmung des erwähnten aristotelischen Prinzips, das hier den gesamten Gedankengang trägt: «natura nihil facit frustra», aus *De anima* (III, 9, 432b21–23). In diesem Passus erklärt der Stagirite, dass in der Natur nichts Notwendiges fehlt und nichts Überflüssiges vorkommt.[58] Dante hat das aristotelische Naturverständnis im Sinne einer durchgängigen Rationalität der Wirklichkeit in einem theologischen Sinne gedeutet, indem er Gott als die vernünftige Quelle dieser Wirklichkeit, in der alles seinen Ort und seine Funktion besitzt, interpretiert hat. Eng damit verknüpft ist das Prinzip der Sparsamkeit (Ökonomieprinzip, auch Ockham's Razor genannt), das Dante mehrfach in seine Argumentation einfließen lässt und das auch in unserem Passus implizit enthalten ist, wenn er sagt, die Natur vermeide, was nicht notwendig sei. Wir begegnen dem Prinzip auch in den Versen von *Paradiso* VIII, 113–114, wo Dante sich mit Karl Martell unterhält:

57   *De vulgari eloquentia* I, ii, 1, Tavoni, S. 1138: «Hec est nostra vera prima locutio. Non dico autem 'nostra', ut et aliam sit esse locutionem quam hominis; nam eorum que sunt omnium soli homini datum est loqui, cum solum sibi necessarium fuerit. (2) Non angelis, non inferioribus animalibus necessarium fuit loqui, sed nequicquam datum fuisset eis: quod nempe facere natura abhorret.» Übersetzung Cheneval, S. 5.

58   Vgl. *Convivio* III, xv, 8–9, Fioravanti, S. 502 (wo zweimal die Formulierung «la Natura l'averebbe fatto idarno» vorkommt). Die Formulierung des Aristoteles wird von Thomas im Zusammenhang mit der Sprachfähigkeit des Menschen verwendet: vgl. *Sententia Libri Politicorum*, Editio Leonina, XLVIII, Rom 1971, S. A 78b.

E io: «Non già; ché impossibil veggio/ che la natura, in quel ch'è uopo, stanchi».

Und ich: «Nicht mehr; mir scheint unmöglich, dass die Natur im Notwendigen erlahmt.»[59]

Diese zugleich optimistische und vernunftfreudige Konzeption der Wirklichkeit ist am Werk, wenn Dante im Kapitel 2 von *De vulgari eloquentia* die weitreichende These, dass allein der Mensch ein sprachfähiges Wesen ist, zu beweisen versucht. Sowohl der metaphysische Hintergrund – ein grundlegendes und unerschütterliches Vertrauen in die vernünftige Ordnung des Wirklichen – als auch die daraus abgeleiteten anthropologischen Konsequenzen sind für das Denken Dantes – und ich will es so nennen – für seine Philosophie in hohem Maße kennzeichnend.

Als Drittes müssen wir auf Dantes Auffassung der Sprache hinweisen. Dante artikuliert sein Sprachverständnis in folgender Weise:

> «Wenn wir nämlich genau betrachten, was wir mit dem Sprechen beabsichtigen, wird klar, dass es nichts anderes ist, als andern einen Begriff unseres Geistes zu enthüllen.»[60]

Diese Auffassung, welche die Beziehung zum andern Menschen als Adressaten des Sprechenden in den Vordergrund stellt, ist für Dante von grundlegender Bedeutung. Sie geht ursprünglich auf Platon zurück und ist im XIII. Jahrhundert weit verbreitet. Dante hat diese Konzeption wahrscheinlich direkt von Thomas übernommen. Es ist indes angebracht, an dieser Stelle daran zu erinnern, dass diese Konzeption der Funktion der Sprache ihrerseits das *semantische Dreieck* voraussetzt, das Aristoteles in

---

59  *Paradiso* VIII, 113–114, Inglese, S. 122. Vgl. *Questio*, [44], Rinaldi, S. 730–722: «Natura universalis non frustratur suo fine.»

60  *De vulgari eloquentia* I, ii, 3: «Si enim perspicater consideramus quid cum loquimur intendamus, patet quod nihil aliud quam nostre mentis enucleare aliis conceptum.» Zu der Quelle dieser Konzeption vgl. den Kommentar Imbach/Suarez, S. 80.

jenem berühmten Passus gezeichnet hat, der als der Grundpfeiler des gesamten mittelalterlichen Sprachverständnisses betrachtet werden darf: Nach dieser Auffassung ist die Sprache Ausdruck des Denkens, das seinerseits die Wirklichkeit in einer gewissen Weise abbildet. Ich erinnere an diesen historisch bedeutsamen Text:

> «Nun sind die (sprachlichen) Äußerungen unserer Stimme ein Symbol für das, was (beim Sprechen) unserer Seele widerfährt, und das, was wir schriftlich äußern, (ist wiederum ein Symbol) für die (sprachlichen) Äußerungen unserer Stimme. Und wie nicht alle (Menschen) mit denselben Buchstaben schreiben, so sprechen sie auch nicht alle dieselbe Sprache. Die seelischen Widerfahrnisse aber, für welche dieses (Gesprochene und Geschriebene) an erster Stelle ein Zeichen ist, sind bei allen (Menschen) dieselben; und überdies sind auch schon die Dinge, von denen diese (seelischen Widerfahrnisse) Abbildungen sind, (für alle) dieselben.»[61]

Die Tradition hat von Aristoteles schließlich auch die Auffassung geerbt, dass die menschliche Sprache auf einer Konvention beruhe. So können wir das lateinische *ad placitum* übersetzen, wenn wir nicht «nach Übereinkunft» vorziehen.[62] Entscheidend ist der Gegensatz zwischen den allen Menschen gemeinsamen Begriffen (hier als seelische Widerfahrnisse beschrieben) und den sprachlichen Zeichen, die auf Übereinkunft beruhen. Wie wir gesehen haben, betont Dante den Vorgang der Zeichensetzung (wenn diese Ausdrucksweise erlaubt ist), d.h. der Verbindung eines mentalen Begriffes mit einem Zeichen, indem er diesen Vorgang historisiert. Es ist natürlich sehr aufschlussreich zu beobachten, wie die mittel-

---

61   Aristoteles, *Per Hermeneias*, Kapitel 1, übersetzt und erläutert von Hermann Weidemann, Berlin 1994, S. 3.

62   *De vulgari eloquentia* I, iii, 3, Tavoni, S. 1152–1154: «Hoc equidem signum est ipsum subiectum nobile de quo loquimur: nam sensuale quid est, in quantum sonus est; rationale vero, in quantum aliquid significare videtur ad placitum.» Vgl. den Kommentar bei Imbach/Suarez, S. 87–89.

alterlichen Denker in diesen Fragen die philosophische Tradition mit den biblischen Erzählungen verbinden. Wir können indes bei dieser Problematik nicht verweilen.

Auf der Grundlage dieser Voraussetzungen vollzieht sich der Gedankengang Dantes in zwei Schritten: Zuerst wird gezeigt, dass für die Engel und die Tiere die Sprache nicht notwendig ist (Kapitel ii); danach weist Dante nach, dass die Sprache für die Menschen notwendig ist (Kapitel iii). Dante stellt sich in den Gegensatz zum größten Teil der theologischen Tradition, wenn behauptet, es sei nicht angebracht, eine Sprache der Engel zu fordern. Für die Mitteilung ihrer Gedanken genüge ihr Intellekt oder aber das Sehen des Gedankens des anderen im göttlichen Intellekt.

Zwar leugnet Dante die Möglichkeit einer Kommunikation der Engel keineswegs, aber er weigert sich, diese Übermittlung der Gedanken Sprache (*locutio*) zu nennen, denn zum Sprechen gehört nach seiner Meinung notwendigerweise ein sinnlich wahrnehmbares Zeichen. Dante reserviert den Begriff der Sprache für diese Kommunikation mittels zugleich sinnlich wahrnehmbarer und vernünftig verstehbarer Zeichen. Und er begründet diese Doppelbestimmung der Zeichen:

«Da der Mensch nicht vom Instinkt der Natur, sondern von der Vernunft bewegt wird, und diese Vernunft bezüglich Unterscheidung, Urteil und Wahl bei den einzelnen so sehr verschieden ist, dass beinahe jeder sich seiner eigenen Art zu erfreuen scheint, vermuten wir, dass niemand den andern durch die eigenen Handlungen und Widerfahrnisse erfasst, wie es beim unverständigen Tier der Fall ist. Auch nicht durch geistige Schau, wie der Engel, vermag der eine in den andern zu dringen, da der menschliche Geist von der Dichte und Undurchsichtigkeit des sterblichen Körpers verdunkelt wird.

Das Menschengeschlecht brauchte also, um sich Gedanken mitzuteilen, ein Zeichen, das sowohl vernünftig als auch sinnlich ist. Es sollte ja etwas von der einen Vernunft aufnehmen und auf die andere übertragen; deswegen musste es vernünftig sein. Sinnlich musste es sein, da nur durch ein sinnliches Mittel etwas von der einen Vernunft auf die andere übertragen werden kann. Wäre [das Zeichen] nämlich nur vernünftig, so könnte es nichts übertragen; wäre es nur sinnlich, hätte es weder von der Vernunft [etwas] aufnehmen noch in der Vernunft ablegen können.»[63]

Bei den Tieren liegt die Sache anders. Die Tiere einer gleichen Art haben identische, determinierte Aktionen und Reaktionen, so dass durch diese Identität eine minimale Verständigung gewährleistet ist. Wenn also sowohl die Tiere wie die Engel keine Sprache brauchen, wie lässt sich die Notwendigkeit der Sprache bei den Menschen nachweisen? Die Körperlichkeit verhindert die intellektuelle Transparenz, die bei den Engeln vorausgesetzt wird. Die menschlichen Aktionen und Reaktionen dagegen sind nicht rein instinktiv, wie bei den Tieren, sondern hängen vom Verstand ab. «Homo […] ratione movetur», dies bedeutet, dass das menschliche Handeln ein Zusammenspiel von Erkennen und Wollen einschließt. Es setzt überdies die Freiheit voraus, so dass ein Mensch die Gedanken eines anderen nicht voraussehen und erraten kann. Freiheit einerseits und Körperlichkeit andererseits machen also die Sprache für die Kommunikation unter den Menschen notwendig. Aus der Stellung des Menschen zwischen Engel und Tier, aus seiner Stellung als *animal rationale*, ergibt sich Dantes Verständnis der Sprache als Austausch der Gedanken mittels sinnlich vernünftiger Zeichen: «rationale signum et sensuale».

63  *De vulgari eloquentia* I, iii, 1–2, Tavoni, S. 1148–1150: «Cum igitur homo, non nature instinctu, sed ratione moveatur, et ipsa ratio vel circa discretionem vel circa iudicium vel circa electionem diversificetur in singulis, adeo ut fere quilibet sua propria specie videatur gaudere, per proprios actus vel passiones, ut brutum animal, neminem alium intelligere opinamur. Nec per spiritualem speculationem, ut angelum, alterum alterum introire contingit, cum grossitie atque opacitate mortalis corporis humanus spiritus sit obtectus. (2) Oportuit ergo genus humanum ad comunicandas inter se conceptiones suas aliquod rationale signum et sensuale habere: quia, cum de ratione accipere habeat et in rationem portare, rationale esse oportuit; cumque de una ratione in aliam nichil deferri possit nisi per medium sensuale, sensuale esse oportuit. Quare, si tantum rationale esset, pertransire non posset; si tantum sensuale, nec a ratione accipere, nec in rationem deponere potuisset.» Übersetzung Cheneval, S. 9.

37

Dante übernimmt diese Doppelbestimmung der Sprache als sinnliches Zeichen, das den Gedanken des einen Menschen einem andern zu vermitteln fähig ist, von der Tradition und er setzt dabei die augustinische Auffassung des Zeichens voraus. Zusammen mit dem vorher erwähnten semantischen Dreieck ist diese Zeichenauffassung Augustins gleichsam die zweite Säule, auf der die mittelalterliche Sprachtheorie aufruht. Ich erlaube mir, auch an diese Konzeption zu erinnern. Das Zeichen ist etwas Sinnliches, das auf etwas anderes verweist: Zeichen ist, was sich selbst den Sinnen darbietet und darüber hinaus etwas der Seele zeigt.[64] Trotz dieser eindeutigen Traditionsbezüge setzt Dante nach meiner Auffassung andere, eigenständige Akzente.

Die Sprache der Menschen ist nicht nur, wie es bei Thomas und in der Tradition manchmal scheint, eine im Vergleich zur Transparenz der reinen Geister unvollkommenere Form der Kommunikation, sondern sie wird positiv als die dem Menschen gänzlich angemessene und entsprechende Möglichkeit der Kommunikation interpretiert. Das Sprechen ist der «herausragende Akt des menschlichen Geschlechts»[65]. Es war der erste Akt, den Adam nach seiner Erschaffung vollzogen hat, und Dante betont immer wieder, dass die Sprache Ausdruck und Vollzug der menschlichen Rationalität ist, wie folgender Passus aus dem *Convivio* noch einmal belegt:

> «Weswegen zu wissen ist, dass unter den Lebewesen nur der Mensch spricht und Beherrschung hat und Handlungen, die vernünftig genannt werden, denn nur er hat Vernunft.»[66]

---

64 Augustinus, *De dialectica*, V, translated with Introduction and Notes by B. Darrell, ed. by J. Pinborg, Dordrecht 1975, S. 86: «Signum est quod et se ipsum sensui et praeter se aliquid animo ostendit.»

65 Vgl. *De vulgari eloquentia* I, iv, 3, Tavoni, S. 1158, wo vom «tam egregius actu(s) humani generis» die Rede ist.

66 *Convivio* III, vii, 9, Fioravanti, S. 426: «Onde è da sapere che solamente l'uomo intra li animali parla, ed ha reggimenti e atti che si dicono razionali, però che solo elli ha in sé ragione.»

Ist es deshalb erstaunlich, dass Adam sich über die Verwirklichung seines ersten Sprechaktes gefreut hat, wie sich der Mensch überhaupt über den Vollzug seiner Akte, wenn sie der Ordnung der Natur entsprechen, freut:

> «Obschon Gott den Gedanken des ersten Sprechenden wusste, ja vielmehr im voraus wusste, – was in bezug auf Gott dasselbe ist –, wollte er dennoch, dass Adam auch selbst spreche, damit er durch die Entfaltung einer so großen Gabe, die er umsonst verliehen hat, selbst verherrlicht werde. Und daher müssen wir glauben, die Freude über die geordnete Verwirklichung unserer Handlungen sei göttlichen Ursprungs.»[67]

Die tätige Selbstverwirklichung des Menschen ist göttlich. Allerdings, und damit berühren wir einen besonders tiefsinnigen Aspekt von Dantes Denken, diese Freude über den Aktvollzug ist noch größer, wenn ihr eine Antwort eines anderen entspricht. Die menschliche Kommunikation erreicht ihre Vollendung, wenn dem Sprechen das Hören und Gehörtwerden entspricht. Dante hat dies in einem ganz erstaunlichen Satz zum Ausdruck gebracht:

> «Denn wir glauben, im Menschen sei das Wahrgenommenwerden menschlicher als das Wahrnehmen, insofern man als Mensch wahrgenommen wird und wahrnimmt.»[68]

Es ist nicht leicht, diesen Satz in seiner vollen Tragweite zu verstehen. Eine Stelle in der *Vita Nuova*, der ersten Schrift Dantes, gibt vielleicht einen Hinweis zum Verständnis. In dieser Schrift wird bekanntlich der Tod Beatricens erzählt. Die Stelle beschreibt, wie Dante trostlos in Florenz umherirrt:

---

67 *De vulgari eloquentia* I, v, 2, Tavoni, S. 1168: «licet Deus sciret, ymo presciret (quod idem est quantum ad Deum) absque locutione conceptum primi loquentis, voluit tamen et ipsum loqui, ut in explicatione tante dotis gloriaretur ipse qui gratis dotaverat. Et ideo divinitus in nobis esse credendum est quod in actu nostrorum affectuum ordinato letamur.» Übersetzung Cheneval, S. 15.

68 *De vulgari eloqentia* I, v, 1, Tavoni, S. 1166: «Nam in homine sentiri humanius credimus quam sentire, dummodo sentitur et sentat tanquam homo.» Übersetzung Cheneval, S. 15.

«Und als ich bemerkte, wie ich mich plagte, da hob ich die Augen, um zu sehen, ob mich jemand anderes gesehen hätte. Da erblickte ich eine edle Frau, jung und sehr schön, welche mich von einem Fenster aus augenscheinlich so voller Mitleid ansah, dass alles Mitleiden in ihr vereint schien.»[69]

Dante erkundet sehend, ob er gesehen werde. Und siehe da, hier spendet das Gesehenwerden Trost, und so bestätigt sich, dass das Wahrgenommenwerden menschlicher ist als das Wahrnehmen allein. Die Freude über das Gehörtwerden im Falle des Sprechens ist indes noch beachtenswerter, da die sprachlichen Zeichen, wie Dante ja betont, Ausdruck des Denkens sind, so dass die Freude darüber, dass uns jemand hört, gleichzeitig eine geistige Freude ist, die das begleitet, was Dante selber in unserem Text als «freundschaftlichen Umgang» (*amicabile commertium*) bezeichnet. Und dass uns jemand versteht, wenn wir sprechen, gehört zweifelsohne zu den Wundern menschlicher Existenz. Weil der Mensch von seiner Natur her als sprachfähiges Wesen auf die Kommunikation ausgerichtet ist, deshalb ist das Wahrgenommenwerden als «menschlicher» zu bezeichnen als das bloße Wahrnehmen.[70]

---

69  *Vita Nova* 24 (XXXIV), Gorni, S. 1021–1022: «Poi per alquanto tempo, con ciò fosse cosa che io fosse in parte ne la quale mi ricordava del passato tempo, molto stava pensoso, e con dolorosi pensamenti, tanto che mi faceano parere de fore una vista di terribile sbigottimento. (2) Onde io, accorgendomi del mio travagliare, levai li occhi per vedere se altri mi vedesse. Allora vidi una gentil donna giovane e bella molto, la quale da una finestra mi riguardava sì pietosamente, quanto a la vista, che tutta la pietà parea in lei accolta.» Übersetzung Coseriu/Kunkel, S. 107.

70  Vgl. dazu die eindrucksvolle Stelle bei Thomas von Aquin, *De regno ad regem Cypri*, c. 1, Editio Leonina, t. XLII, Roma 1979, S. 450a: «Hoc etiam euidentissime declaratur per hoc, quod est proprium hominis locutione uti, per quam unus homo aliis suum conceptum totaliter potest exprimere. Alia quidem animalia exprimunt mutuo passiones suas in communi, ut canis in latratu iram, et alia animalia passiones suas diversis modis. Magis igitur homo est communicatiuus alteri quam quodcumque aliud animal, quod gregale videtur, ut grus, formica et apis. Hoc ergo considerans Salomon ait: *melius est esse duos quam unum; habent enim emolumentum mutuae societatis.*»

Wir haben bislang Beispiele explizit philosophischer Passagen und Gedankengänge im Werk Dantes behandelt. Ich möchte nun ein Beispiel behandeln, das zeigt, wie die Philosophie in der Gestaltung der *Commedia* wirksam ist.

## IV Beispiele der Präsenz
der Philosophie in der *Commedia*

Der 11. Gesang des *Inferno* spielt im Aufbau und der Struktur der Hölle eine ausgezeichnete Funktion, da in diesem Gesang die Topographie der Unterwelt in ihrer moralischen Bedeutung erklärt wird. Dante liefert hier den Schlüssel zum ethischen Verständnis des *Inferno*, sofern es einen Teil seines Werkes bildet und einen symbolischen Ort repräsentiert. Im Zentrum des Gesangs steht ein Lehrgespräch zwischen Vergil und Dante, das wir etwas genauer betrachten wollen. Zuerst möchte ich den Gesprächsverlauf untersuchen.

Der Gestank des Ortes, wo die beiden angekommen sind, ist derart, dass sie einen Zwischenhalt einlegen müssen. Damit beginnt das Gespräch:

*Vergil*, V. 10–12, Grund der Pause.

*Dante*, V. 13–15, Vorschlag zu einer Diskussion:

> «[…] ‹Dann finde du einen Ausgleich, damit die Zeit nicht ungenutzt vergeht.›»[71]

*Vergil*, V. 15–66, Zustimmung und Erklärung der inneren Hölle (drei letzte Kreise der Hölle):

> «Dann begann er zu reden: ‹Mein Sohn, in diesem Felsen gibt es drei Kreise; sie sind abgestuft wie die, die du verlassen hast.›»[72]

---

71    *Inferno* XI, 13–15, Inglese, S. 156: «Così 'l maestro; e io: 'Alcun compenso –/ dissi lui – trova che 'l tempo non passi/ perduto.'» Der elfte Gesang ist übersetzt bei Flasch, S. 48–50.

72    *Inferno* XI, 16–18, Inglese, S. 156: «'Figliuol mi', dentro da cotesti sassi –/ cominciò poi a dir – son tre cerchietti/ di grado in grado, come que' che lassi.'»

*Dante*, V. 67–75, Lob Dantes und erneute Bitte um eine Erklärung (der äußeren Hölle):

> «Darauf ich: ‹Meister, deine Erklärung geht sehr klar vor und gliedert gut diesen Abgrund und das Volk, das es einschließt. Aber sag mir: Die oberhalb von hier leiden, die in dem zähen Sumpf und die, die der Sturm jagt und die, die der Regen peitscht und die, die so hart mit Worten streiten – warum werden die, wenn Gott sie doch hasst, nicht von der rotglühenden Stadt gestraft?›»[73]

*Vergil*, V. 76–90, Erklärung der gesamten Höllenstruktur:

> «Und er zu mir: ‹Warum irrt dein Geist hier gegen deine Gewohnheit so weit ab? […] Wenn du diese Lehre durchdenkst und dir ins Gedächtnis rufst, wer die sind, die weiter oben außerhalb der Satansstadt ihre Busse leiden, dann verstehst du gut, warum sie von den Übeltätern hier getrennt sind und warum die göttliche Vergeltung dir mit geringerem Zorn schlägt.›»[74]

*Dante*, V. 91–96, Dank Dantes und neuer Zweifel bezüglich des Wuchers:

> «O Sonne, du heilst jeden unklaren Blick und erfreust mich so mit deinen Lösungen, dass mir Zweifeln genau so lieb ist wie Wissen. […]»[75]

*Vergil*, V. 97–115, Erklärung der Widernatürlichkeit des Wuchers:

> «‹Philosophie›, antwortete er, «‹lehrt den, der sie versteht, in vielen Zusammenhängen, dass die Natur dem göttlichen Intellekt und seiner Kunst entspringt. Und wenn du deine Physik genau liest, findest du nach wenigen Seiten, dass eure Kunst, soweit sie das kann, jenen an-

73  *Inferno* XI, 67–75, Inglese, S. 159: «E io: 'Maestro, assai chiara procede/ la tua ragion, e assai ben distingue/ questo baràtro e 'l popol ch'e' possiede./ Ma dimmi: quei de la palude pingue,/ che mena il vento, e che batte la pioggia,/ e che s'incontran con sì aspre lingue,/ perché non dentro da la città roggia/ sono ei puniti, se Dio li ha in ira?/ e, s'e' non li ha, perché sono a tal foggia?'»

74  *Inferno* XI, 76–90, Inglese, S. 159–160: «Ed elli a me 'Perché tanto delira –/ disse – lo 'ngegno tuo da quel che suole?/ […]. / Se tu riguardi ben questa sentenza/ e rechiti ala mente chi son quelli/ che sù di fuor sostegnon penitenza,/ tu vedrai ben perché da questi felli/ sien dipartiti, e perché men crucciata/ la divina vendetta li martelli'.»

75  *Inferno* XI, 91–93, Inglese, S. 160: «O sol che sani ogne vista turbata,/ tu mi contenti sì quando tu solvi,/ che, non men che saver, dubbiar m'aggrata.»

dere nachahmt wie ein Schüler den Lehrer. Daher ist eure Kunst wie die Enkelin Gottes. Aus diesen beiden, wenn du dir den Anfang der Schöpfungsgeschichte in Erinnerung rufst, sollen die Menschen ihr Leben bestreiten und vorankommen: Und weil der Wucherer einen anderen Weg einschlägt, missachtet er die Natur und ihre Nachahmerin; er setzt seine Hoffnung auf anderes.»[76]

Es handelt sich ganz offensichtlich um einen Dialog, dessen Ablauf auch im Text klar angedeutet wird. Wenn wir also von einem Gespräch sprechen können, wie gestaltet sich die Rollenverteilung? Dante ist der Fragende, er regt die Diskussion an und animiert sie durch zusätzliche Fragen, er lobt und dankt dem *Maestro*, wie Vergil hier und oft angesprochen wird. Das Gespräch ist inhaltlich genau durchdacht und sehr präzis strukturiert: Mit der Erklärung der moralisch-topographischen Bedeutung des Ortes, wohin die beiden unterwegs sind, fängt es an, danach folgt eine Gesamtinterpretation der Hölle als Ort der Folgen schlechten Handelns und mit der Erörterung eines Einzelproblemes zur inneren Hölle (der Wucher) wird es abgeschlossen.

Was die Argumentation und Gedankenführung angeht, sei hier nur auf folgende Punkte verwiesen: Der Symbolhaftigkeit seiner Figur entsprechend gibt Vergil hier eine ausschließlich philosophische Deutung der schlechten Handlungen: Dante bestätigt es in Vers 67 («Maestro, ed assi chiara procede/ la tua ragione») und noch deutlicher in den Versen 91–93, wo das Bild der die Blindheit heilenden Sonne verwendet wird.

---

76  *Inferno* XI, 97–111, Inglese, S. 160–161: «Filosofia – mi disse – a chi la 'ntende/ nota, non pur in una sola parte,/ come natura lo suo corso prende/ dal divino 'ntelletto ed è su' arte;/ e se tu ben la tua Fisica note,/ tu troverai, non dopo molte carte,/ che l'arte vostra quella, quanto pote,/ segue, come 'l maestro fa 'l discente:/ sì che vostr'arte a Dio quasi è nepote./ Da queste due, se tu ti rechi a mente/ lo Genesì dal principio, convene/ prender sua vita e avanzar la gente;/ e, perché l'usuriere altra via tene,/ per sé natura e per la sua seguace/ dispregia, poi ch'in altro pon la spene».

Die Behauptung, die Gedankenführung sei philosophisch, wird des Weiteren bestätigt durch die expliziten und impliziten Quellen und Autoritäten, auf die sich Vergils Ausführungen stützen: Die Erklärung der inneren Hölle beruht (ohne expliziten Verweis) eindeutig auf einer Unterscheidung von Cicero, *De officiis* I, 13, wo der antike Denker zwei Arten von *iniuria* unterscheidet (*aut vi aut fraude*). Diese Distinktion greift Dante in den Versen 22–24 auf, und entfaltet sie breit, um darauf aufbauend ein ganzes System schlechter Handlungen durch Betrug und Gewalt zu entwickeln; der ganze zweite Teil des Gespräches hingegen basiert auf einer Einteilung der *Nikomachischen Ethik* (VII, 1, 1145a16), die im Text als «la tua Etica» klar bezeichnet wird:

> «Circa mores fugiendorum tres sunt species, malicia, incontinencia et bestialitas.»

Dante erklärt dies so:

> «Erinnerst Du dich nicht der Worte, mit denen deine *Ethik* die drei Haltungen behandelt, die der Himmel (Flasch: Gott) nicht will: Unbeherrschtheit, Bosheit und tierisch-stumpfe Gewalt?»[77]

Vergil erklärt den ganzen Aufbau der Hölle auf dieser philosophischen Grundlage. Was den dritten Teil des Gesprächs angeht, liegt der Verurteilung des Wuchers der Grundsatz *ars imitatur naturam* (*Phys.* II, ii, 194a) sowie die aristotelische Deutung der *usura* zugrunde, wobei hier eine ganz selbständige Entwicklung der Argumentation vorzufinden ist, die noch der Kommentierung bedarf. Es sollte nicht übersehen werden, dass auch hier *la tua Fisica* (101) explizit erwähnt wird.

Wir haben ein eigentliches Lehrgespräch mit klarer Rollenverteilung vor uns, das im Gesamtaufbau der *Commedia* eine klar umschriebene, primär didaktische Funktion erfüllt, indem die *phi-*

---

77   *Inferno* XI, 79–83, Inglese, S. 159–160: «Non ti rimembra di quelle parole/ con le quai la tua Etica pertratta/ le tre disposizion che 'l ciel non vole,/ incontenenza, malizia e la matta/ bestialitade?»

*losophische Tradition* als Grundlage zur Strukturierung des ganzen Werkteiles beigezogen wird und zudem in nicht ganz unselbständiger Weise. Wir haben es hier mit einem Beispiel zu tun, das verdeutlicht, wie sehr die poetische Gestaltung direkt durch philosophische Gedanken geführt wird.

# V Die politische Dimension der Intellekttheorie und die Neubegründung der politischen Theorie

Mit seinem philosophischen Hauptwerk, der *Monarchia*, die er gleichzeitig mit dem *Paradiso* verfasst hat, verfolgt Dante die Absicht, seinen persönlichen und bedeutsamen Beitrag zur politischen Reflexion und Wirklichkeit zu leisten. Diese Schrift, die nach meiner Einschätzung zu den bedeutendsten Traktaten der politischen Philosophie des Mittelalters gehört, wird übrigens mit einer grundsätzlichen Argumentation eröffnet, deren philosophisches Potential kaum überschätzt werden kann.

Es ist schwierig, die Entstehung der *Monarchia* genau zu datieren, aber es ist sehr warhscheinlich, dass sie mit dem Romzug Heinrichs VII. (1310–1313) zusammenhängt. Die Schrift wird mit einer Untersuchung des Zieles «der universalen Gemeinschaft der menschlichen Gattung» eröffnet. Diese Argumentation führt zur Einsicht, dass es eine spezifische Tätigkeit der Gesamtheit der Menschen geben muss:

> «Es gibt also eine eigentümliche Tätigkeit der menschlichen Gesamtheit, auf welche die Gesamtheit der Menschen in ihrer Vielheit hingeordnet ist. Diese Tätigkeit kann weder ein einzelner Mensch, noch eine häusliche Gemeinschaft, noch ein Dorf, noch eine Stadt, noch ein einzelnes Reich vollziehen.»[78]

Dante gelangt zu diesem Ergebnis, indem er den Menschen mit den Tieren und den Engeln vergleicht und auf diese Weise das «Er-

---

78  *Monarchia* I, iii, 4, Quaglioni, S. 926–928: «Est ergo aliqua propria operatio humane universitatis, ad quam ipsa universitas hominum in tanta multitudine ordinatur; ad quam quidem operationem nec homo unus, nec domus una, nec una vicinia, nec una civitas, nec regnum particulare pertingere potest.» Übersetzung Imbach, S. 67.

kennen mittels des möglichen Intellekts» (*intellectus possibilis*) als die dem Menschen eigene, spezifische Tätigkeit versteht. Der Mensch ist so gedeutet ein Wesen, das erkennen (*intelligere*) *kann.* Auch Thomas von Aquin hat im Anschluss an die aristotelische Tradition die menschliche Vernunft als jenes Vermögen verstanden, das alles *erkennen kann.* Allerdings hat er nachzuweisen versucht, dass die vollständige Verwirklichung dieser Fähigkeit erst nach dem Tode im Jenseits, und mit Hilfe Gottes, erreicht werden kann. Einige Zeitgenossen des Thomas, Berufsphilosophen, waren dagegen der Meinung, dass die philosophische Existenz bereits zu dieser Vollendung führen könne, und sie interpretierten die von Aristoteles entworfene Möglichkeit einer glückbringenden *Theoria* als das anzustrebende Ideal. Dante schließlich war der Auffassung, allein die ganze Menschheit könne die vollständige Verwirklichung, Aktualisierung, der Erkenntnis alles Erkennbaren vollziehen. In wenigen Sätzen entwirft er eine eigenwillige und originelle Intellekttheorie, welche die soziale Dimension der menschlichen Vernunft betont.[79] Wenn nur die Gesamtheit der Menschen alles Erkennbare zu erkennen vermag, dann bedeutet dies, dass der einzelne Intellekt auf die andere Vernunft angewiesen ist und auf sie verwiesen ist. Die eigentliche Besonderheit von Dantes Ansatz besteht indes darin, dass er seine These der kollektiven Verwirklichung der menschlichen Vernunft in einem politischen Zusammenhang entwickelt, nämlich in einer Schrift,

---

79 Es ist wohl nicht ganz unangebracht, hier auf die «liberale Denkungsart» Kants hinzuweisen, der in der Kritik der reinen Vernunft (B780) schreibt, dass die menschliche Vernunft «keinen anderen Richter erkennt, als selbst wiederum die allgemeine Menschenvernunft, worin ein jeder seine Stimme hat». Das hängt zusammen mit der zweiten Maxime der Klasse der Denker: «Sich (in der Mitteilung mit Menschen) in die Stelle jedes anderen zu denken» (Anthropologie in pragmatischer Hinsicht, Werke in zwölf Bänden, hg. von Wilhelm Weischedel, XII, Frankfurt 1964, S. 549). Vgl. dazu Peter Schulthess, «Überlegungen zur Sprache und Geschichte der Philosophie», in: Studia Philosophica, 76, 2017, S. 59–79, besonders S. 76–79.

die der Reflexion über die bestmögliche politische Ordnung ge-
widmet ist; denn die Bestimmung des Zieles der menschlichen
Gattung soll ermöglichen, die Frage zu beantworten, ob für das
Wohl der Menschheit eine Universalmonarchie notwendig sei.

Bevor dieser Aspekt genauer betrachtet wird, ist es angebracht, darauf hinzuweisen, dass Dantes Interpretation des Zieles
der menschlichen Gattung eine beachtenswerte Auslegung der
aristotelischen Doppelbestimmung des Menschen als politisches
oder soziales und als vernünftiges Lebewesen darstellt. Schon bei
Aristoteles ist das Verständnis des Menschen als *zoon politikon* mit
der Einsicht verknüpft, dass der Mensch auf die Hilfe des anderen
angewiesen ist. Im *Convivio* erinnert Dante an diesen Aspekt der
Lehre des Aristoteles: «niemand ist für sich selbst fähig, ohne die
Hilfe anderer (das Ziel der menschlichen Gemeinschaft) zu erreichen, denn der Mensch hat viele Dinge nötig, denen einer allein
nicht Genüge tun kann. Und deshalb sagt der Philosoph, dass der
Mensch von Natur aus ein gemeinschaftliches Lebewesen ist.»[80]
Dante hat diesen Gedanken mit der anderen wichtigen und berühmten These vom Menschen als vernünftigem Lebewesen verbunden, indem er zu beweisen versucht, dass die Verwirklichung
der Erkenntnisfähigkeit das Ziel der menschlichen Gattung sei.
Diese originelle Synthese, welche die Erkenntnis alles Erkennbaren
als die Aufgabe aller Menschen versteht, hängt zusammen mit Dantes Überzeugung, dass die Philosophie etwas ist, das alle Menschen
angeht. Er eröffnet sein *Gastmahl* in Anlehnung an den Anfang
von Aristoteles' *Metaphysik* mit dem Satz «Alle Menschen sehnen
sich von Natur aus nach Wissen» «tutti li uomini naturalemente

---

80  *Convivio* IV, iv, 1, Fioravanti, S. 562: «alla quale nullo per sé è sufficiente
a venire sanza l'aiutorio d'alcuno, con ciò sia cosa che l'uomo abisogna
di molte cose, alle quali uno solo satisfare non può. E però dice lo Filo-
sofo che l'uomo naturalmente è compagnevole animale.» Übersetzung
Ricklin IV, S. 29.

desiderano di sapere»,[81] und er erklärt ausführlich, warum er die Volkssprache für die Niederschrift seines Werkes gewählt hat. Er versteht sein Werk als neues Licht jener, die nicht zur Gemeinschaft der Gelehrten und Doktoren gehören:

> «Es komme aber jeder, der (wegen der Sorge) um die Familie und um die Gemeinschaft im menschlichen Verlangen hungrig geblieben ist, und er setze sich mit den anderen in ähnlicher Weise an einen Tisch.»[82]

Dante will ein Gastmahl bereiten für alle, Männer und Frauen, die aus verschiedenen Gründen nicht die Möglichkeit haben, das Brot der Engel, das vor allem an den Universitäten verteilt wird, zu genießen. Dantes Verständnis einer Philosophie für *illiterati*, für Laien, dessen Bedeutung für die Bildungsgeschichte nicht zu hoch veranschlagt werden kann, hat indes auch Konsequenzen für seine *politischen* Auffassungen, seine Deutung der Gesellschaft und des Rechtes, die jetzt etwas eingehender betrachtet werden müssen.

Dazu ist es förderlich, einen Blick auf die einzigartige Konstruktion der *Monarchia* zu werfen. Das Werk ist von beeindruckender Stringenz und vorbildlich aufgebaut. Bekanntlich besteht die Schrift aus drei Büchern, von denen das erste und das dritte 16 Kapitel enthalten, während das mittlere aus elf Kapiteln besteht: Das sechste Kapitel des zweiten Buches befindet sich in der exakten Mitte des Werkes. Es handelt vom Römischen Reich und Dante will beweisen, dass es von Natur aus zu regieren bestimmt war. Das ganze zweite Buch ist der Legitimität der römischen Weltherrschaft gewidmet und Dante will zeigen, dass dieses Imperium von Rechts wegen (*iure*) und in Übereistimmung mit der göttlichen Vorsehung

---

81   *Convivio* I, i, 1, Fioravanti, S. 93.

82   *Convivio* I, i, 13, Fioravanti, S. 104: «Ma vegna qua qualunque è [per cura] familiare o civile nella umana fame rimaso, e ad una mensa colli altri simili impediti s'assetti.» Übersetzung Ricklin I, S. 7. Die Fortsetzung des Textes ist ebenfalls aufschlussreich: «e alli loro piedi si pongano tutti quelli che per pigrizia si sono stati, ché non sono degni di più alto sedere: e quelli e questi prendano la mia vivanda col pane che la farà loro e gustare e patire.»

die Weltherrschaft erreicht hat. Er ist der Meinung, dass zur Zeit des Augustus die «menschliche Gattung in der Ruhe des allgemeinen Friedens» lebte. Er will mit seiner Schrift die theoretische Möglichkeit und die Notwendigkeit einer politischen Ordnung entdecken, die es ermöglichen soll, das letzte Ziel der menschlichen Existenz zu realisieren, was nur möglich ist, wenn die Menschen im Frieden leben:

> «Und weil es sich im Ganzen verhält wie im Teil und es beim einzelnen Menschen geschieht, dass er sitzend und ruhend an Klugheit und Weisheit selber vollkommener wird, ist klar, dass die menschliche Gattung in Ruhe oder Stille des Friedens das ihr eigentümliche Werk, welches gemäß jenem Wort ‹Du hast ihn nur ein Weniges unter die Engel gestellt› fast göttlich ist, mit größter Freiheit und Leichtigkeit vollziehen kann. Daher ist es offenkundig, dass der allgemeine Friede unter allen Dingen, die auf unsere Glückseligkeit hingeordnet sind, das Beste ist.»[83]

Das Ziel von Dantes Schrift besteht darin zu beweisen, welches die Voraussetzungen eines universalen Friedens sind. Zu diesem Zweck wird in einem ersten Schritt gezeigt, dass eine Universalmonarchie jene politische Ordnung ist, die die Gerechtigkeit und die Freiheit am besten verwirklicht. In einem zweiten Schritt will Dante nachweisen, dass das Römische Imperium dieses Vorhaben verwirklicht hat. Im wichtigen dritten Teil der Schrift wird ausführlich untersucht, ob die Autorität des Kaisers von derjenigen des Papstes abhänge, und Dante plädiert mit aller Klarheit, dass die politische Ordnung von der kirchlichen klar getrennt sein muss. Zum Verständnis dieser These muss hier zuerst daran erin-

---

83  *Monarchia* I, iv, 2, Quaglioni, S. 940–942: «Et quia quemadmodum est in parte sic est in toto, et in homine particulari contingit quod sedendo et quiescendo prudentia et sapientia ipse perficitur, patet quod genus humanum in quiete sive tranquillitate pacis ad proprium suum opus, quod fere divinum est iuxta illud 'Minuisti eum paulominus ab angelis', liberrime atque facillime se habet. Unde manifestum est quod pax universalis est optimum eorum que ad nostram beatitudinem ordinantur.» Übersetzung Imbach, S. 71. Das Bibelzitat verweist auf Ps. 8,6 und Hebr. 2,7. Vgl. ebenfalls *Conivivo* IV, xix, 7, Fioravanti, S. 706.

nert werden, dass die theokratische Lehre der katholischen Kirche des Mittelalters, gemäß welcher der Papst die *plenitudo potestatis* (Fülle der Macht) besitzt, was bedeutet, dass jegliche politische Autorität (*dominium*) auf Erden von der Autorität des Papstes abhänge, von den Professoren des Kirchenrechts vorbereitet und formuliert worden ist und dass diese Lehre in der 1302 erlassenen Bulle *Unam sanctam* von Papst Bonifaz VIII. wahrscheinlich ihre nachdrücklichste Formulierung gefunden hat. Die berühmte Bulle endet bekanntlich mit der Aussage, die Unterwerfung jedes menschlichen Geschöpfes sei heilsnotwendig.[84] Es ist kein geringes Paradox, dass das Postulat einer klaren Trennung von religiöser, kirchlicher Ordnung und politischer Ordnung im Widerstand zu dieser papalistischen Doktrin entstanden ist.

Die historische wie auch theoretische Bedeutung der auf den ersten Blick theologisch oder ekklesiologisch anmutenden Streitfrage zeigt sich nicht nur in der Antwort Dantes, wenn er ganz klar behauptet, dass die politische Autorität in keinem Fall von der Kirche und ihrem Oberhaupt abhängen kann, sondern vor allem in seinen Argumenten zugunsten der These, die politische Ordnung mit allem, was mit ihr verbunden ist, sei vom Reich des Glaubens und der Macht Kirche nicht nur unabhängig, sondern müsse davon unabhängig sein. Dantes Argumente, mit denen er seine These stützt, sind vielfältig. Eines unter ihnen ist besonders aufschlussreich: Die Konstantinische Schenkung, nach der der Kaiser Konstantin, sterbend, dem Papst Silvester die Insignien des Reiches vermacht haben soll, wird von Dante nicht in ihrer Echtheit bezweifelt, sondern er ist bemüht, ihren widerrechtlichen Status zu beweisen:

---

84  Zu diesem Disput vgl. Jürgen Miethke: De potestate papae. Die päpstliche Amtskompetenz im Widerstreit der politischen Theorie von Thomas von Aquin bis Wilhelm von Ockham, Tübingen 2000.

«So wie die Kirche ihr Fundament besitzt, ebenso das Imperium. Das Fundament der Kirche ist Christus. [...] Das Fundament des Imperiums dagegen ist das menschliche Recht. So sage ich: In gleicher Weise wie es der Kirche nicht erlaubt ist, ihrem Fundament entgegenzuwirken, [...], ist es dem Imperium nicht erlaubt, etwas gegen das menschliche Recht zu tun. Aber es wäre gegen das menschliche Recht, wenn das Imperium sich selbst zerstörte. Also ist es dem Imperium nicht erlaubt, sich selbst zu zerstören.»[85]

In diesem Passus wird die entscheidende These formuliert: Die Kirche und das Imperium, d.h. die politische Ordnung besitzen das ihnen eigene Fundament, was bedeutet, dass die Grundlage der Kirche von derjenigen des Reiches ganz und gar verschieden ist: *imperii fundamentum ius humanum est*. Wenn überdies berücksichtig wird, dass das menschliche Recht auf der Vernunft beruht, so wird die Tragweite dieser Aussagen deutlich. In der *Monarchia* wird erklärt, wie Dante das Recht deutet:

«Das Recht ist ein wirkliches und persönliches Verhältnis von Mensch zu Mensch, dessen Beachtung die Gesellschaft erhält und dessen Missachtung die Gesellschaft zerstört. Denn die Umschreibung der *Digesten* sagt nicht, was das Recht ist, sondern beschreibt dieses durch die Erkenntnis, die sich aus dem Gebrauch ergibt. Wenn also diese Definition das Was und das Warum des Rechts angemessen einschließt und das Ziel jeder Gesellschaft im Gemeinwohl der Mitglieder liegt, ist es notwendig, dass das Ziel jeglichen Rechts im Gemeinwohl liegt. Und es ist unmöglich, dass es ein Recht gibt, welches das Gemeinwohl nicht abstrebt. Cicero sagt deshalb, in der *Ersten Rhetorik* zu recht, dass die Gesetze im Sinn des Nutzens für den Staat zu interpretieren seien.»[86]

85   *Monarchia* III, x, 7–8, Quaglioni, S. 1338–1340: «Preterea, sicut Ecclesia suum habet fundamentum, sic et Imperium suum. Nam Ecclesie fundamentum Cristus est. [...] Imperii vero fundamentum ius humanum est. (8) Modo dico quod, sicut Ecclesie fundamento suo contrariari non licet, [...], sic et Imperio licitum non est contra ius humanum aliquid facere. Sed contra ius humanum esset, si se ipsum Imperium destrueret: ergo Imperio se ipsum destruere non licet.» Übersetzung Imbach, S. 219–221.

86   *Monarchia* II, v, 1–2, Quaglioni, S. 1102–1106: «ius est realis et personalis hominis ad hominem proportio, que servata hominum servat sotietatem, et corrupta corrumpit – nam illa *Digestorum* descriptio non dicit

Zum Verständnis des Textes muss daran erinnert werden, wie in den *Digesten*, also dem zweiten Teile der Justinianischen Sammlung des Römischen Rechts, das Recht definiert wird: «Das Recht ist die Kunst des Guten und Gerechten.» Dante gibt zu bedenken, dass es sich hier nicht um eine Definition im eigentlichen Sinne handle, weil eine derartige Definition das Wesen von etwas beinhalten müsse. Deswegen formuliert er eine Wesensdefinition des Rechts, welche das Recht als Beziehung, als Verhältnis eines Menschen zu einem anderen umschreibt. Überdies wird ebenfalls das Ziel ins Auge gefasst, wenn Dante festhält, es sei das Gemeinwohl der Bürger. Daraus folgt, dass die Gesetze die Mittel zur Erreichung dieses Zieles sind: Die Gesetze nämlich müssen die Menschen im Hinblick auf den «gemeinsamen Nutzen verbinden», sagt er an derselben Stelle. Und er kommentiert:

> «Wenn die Gesetze für den Nutzen derer, die ihnen unterstehen, unmittelbar nichts beitragen, sind sie nur dem Namen nach Gesetze, in Wahrheit können dies keine Gesetze sein. Die Gesetze nämlich müssen die Menschen im Hinblick auf den gemeinsamen Nutzen verbinden. Aus diesem Grunde nennt Seneca im Buch *Von den vier Tugenden* das Gesetz ein Band der menschlichen Gemeinschaft.»[87]

Des Weiteren ist festzuhalten, dass die richtige Beziehung der Menschen zueinander die Gerechtigkeit ist, die ja wiederum nach dem Römischen Recht definiert wird als die Tugend, die jedem

quod quid est iuris, sed describit illud per notitiam utendi illo – (2) si ergo definitio ista bene 'quid est' et 'quare' comprehendit, et cuiuslibet sotietatis finis est comune sotiorum bonum, necesse est finem cuiusque iuris bonum comune esse; et inpossibile est ius esse, bonum comune non intendens. Propter quod bene Tullius in *Prima rethorica*: semper – inquit – ad utilitatem rei publice leges interpretande sunt.» Übersetzung Imbach, S. 133.

87   *Monarchia* II, v, 3, Quaglioni, S. 1106–1108: «Quod si ad utilitatem eorum qui sunt sub lege leges directe non sunt, leges nomine solo sunt, re autem leges esse non possunt: leges enim oportet homines devincire ad invicem propter comunem utilitatem. Propter quod bene Seneca de lege cum in libro *De quatuor virtutibus*, 'legem vinculum' dicat 'humane sotietatis'.» Übersetzung Imbach, S. 133–135.

das Seine gibt. Für unsere Betrachtung ist maßgebend, dass das menschliche Recht die Grundlage der politischen Ordnung ist. Auf dieser Grundlage kann gefolgert werden, dass der weltliche Herrscher nicht vom Papst abhängen kann, also grundsätzlich dass die staatliche Ordnung sowohl in ihrem Wesen als auch in ihrer Praxis von der Kirche und ihrer Autorität gänzlich unabhängig ist.

Es wurde bereits daran erinnert, dass das ganze dritte Buch der *Monarchia* dem Beweis dieser Unabhängigkeit gewidmet ist. Zuerst werden die von den Gegnern angeführten biblischen, historischen und theologischen Argumente widerlegt, bevor die Unabhängigkeit mit positiven Argumenten bewiesen werden soll. Das entscheidende diesbezügliche Argument setzt die klare Unterscheidung von Vernunft und Glaube, Philosophie und Theologie voraus. Dante vergleicht den Menschen mit dem Horizont, der Himmel und Erde scheidet. Als einziges Seiendes hat der Mensch am Vergänglichen und am Unvergänglichen teil, woraus sich ergibt, dass er auf zwei Ziele ausgerichtet ist:

«Die unaussprechliche Vorsehung hat also für den Menschen zwei anzustrebende Ziele vorgesehen, nämlich die Glückseligkeit dieses Lebens, die in der Verwirklichung der eigenen Fähigkeiten besteht und durch das irdische Paradies versinnbildlicht wird; und die Glückseligkeit des ewigen Lebens, die im Genuss des göttlichen Anblickes besteht und zu der die eigene Fähigkeit nicht aufzusteigen vermag, wenn sie nicht vom göttlichen Licht unterstützt wird. Sie wird durch das himmlische Paradies versinnbildlicht.

Zu diesen beiden Glückseligkeiten muss der Mensch durch verschiedene Mittel wie zu verschiedenen Schlussfolgerungen gelangen. Die erste erreichen wir durch die philosophische Unterweisung, sofern wir diese durch die Verwirklichung der moralischen und intellektuellen Tugenden befolgen. Zur zweiten gelangen wir durch die geistlichen Dokumente, die den menschlichen Verstand übersteigen, sofern wir diese durch die Verwirklichung der theologischen Tugenden befolgen, nämlich Glaube, Hoffnung und Liebe.»[88]

88 *Monarchia* III, xvi, 7–8, Quaglioni, S. 1396–1400: «Duos igitur fines providentia illa inenarrabilis homini proposuit intendendos: beatitu-

Diese Argumentation, die von einer zweifachen Glückseligkeit des Menschen spricht, setzt die thomistische Lehre der *beatitudo* voraus, aber verändert oder korrigiert sie. Thomas hat bekanntlich versucht, die aristotelische Konzeption des philosophischen Glücks mit der christlichen Doktrin vom ewigen Leben zu versöhnen. Nach der Lehre des Dominikaners kann die von Aristoteles konzipierte Glückseligkeit, die in der vollkommenen Erkenntnis des höchsten Erkenntnisgegenstandes besteht, erst in der glückseligen Schau nach dem Tode mit Unterstützung Gottes erreicht werden. Dantes Originalität besteht darin, dass er das vom Philosophen erreichbare Glück und die jenseitige Beseligung nicht nur unterscheiden will, sondern die Hinordnung des einen Glücks auf das andere aufgibt: Das durch die Philosophie erreichbare Glück ist nicht unter- und hingeordnet auf das theologisch-religiöse: Die philosophische Unterweisung und die von Aristoteles gelehrten Tugenden, Gerechtigkeit, Tapferkeit, Maßhaltung und Klugheit, führen zum Glück in dieser Welt; der Glaube und die theologischen Tugenden, unterstützt durch die Gnade Gottes, gehören zum jenseitigen Glück.

Die von Dante vorgeschlagene Theorie einer zweifachen Glückseligkeit ist in zweifacher Hinsicht von großer Bedeutung. Auf der einen Seite greift er die von einer Gruppe von Philosophen geforderte und praktizierte Loslösung oder Emanzipation der Philosophie von der Theologie auf. Auf der anderen Seite, und dies ist

dinem scilicet huius vite, que in operatione proprie virtutis consistit et per terrestrem paradisum figuratur; et beatitudinem vite ecterne, que consistit in fruitione divini aspectus ad quam propria virtus ascendere non potest, nisi lumine divino adiuta, que per paradisum celestem intelligi datur. (8) Ad has quidem beatitudines, velut ad diversas conclusiones, per diversa media venire oportet. Nam ad primam per phylosophica documenta venimus, dummodo illa sequamur secundum virtutes morales et intellectuales operando; ad secundam vero per documenta spiritualia que humanam rationem transcendunt, dummodo illa sequamur secundum virtutes theologicas operando, fidem scilicet, spem et karitatem.» Übersetzung Imbach, S. 243–245 (Die Kapitelzählung ist bei Quaglioni verändert worden, bei Imbach XV, 7–8).

die Originalität Dantes, leitet er von dieser theoretischen Autonomie im Bereich des Wissens und Denkens die politischen Konsequenzen ab, indem er daraus folgert, dass die Autorität der zeitlichen und politischen Herrscher in keinem Fall von der Macht der Kirche und des Papstes abhängt. Das hängt damit zusammen, dass die politische Ordnung auf dem menschlichen Recht gegründet ist. Zwar ist dieses Recht seinerseits im göttlichen Denken begründet, aber es ist, und dies ist entscheidend, für die menschliche *ratio* einsichtig. Aus diesem Grunde ist es allen Menschen gemeinsam und von den religiösen Gegensätzen unabhängig.

Dantes Kritik der gesellschaftlichen und politischen Wirklichkeit seiner Zeit ist in diesem theoretischen Ansatz begründet. Marco Lombardo erinnert im 16. Gesang des *Purgatorio* daran, dass, «wenn heute die Welt vom rechten Weg abkommt», der Grund bei den Menschen zu suchen ist,[89] und dies damit zusammenhängt, dass die Gesetze nicht befolgt werden.[90] Besonders aufschlussreich ist indes seine Diagnose. Was politisches Unheil[91] verursacht, ist die die Vermischung von weltlichem und religiösem Bereich:

> «Rom, das eine geordnete Welt gründete, besaß zwei Sonnen. Sie zeigten beide Straßen, die der Welt und die Gottes. Die eine hat die andere ausgelöscht; das Schwert ist vereint mit dem Hirtenstab. Ist aber eine mit dem anderen gewaltsam verbunden, kann es nicht gutgehen, denn wenn sie vereint sind, fürchtet das eine nicht das andere.»[92]

---

89  *Purgatorio* XVI, 82–84, Inglese, S. 205: «Però, se 'l mondo presente disvia,/ in voi è la cagione, in voi si cheggia;/e io te ne sarò or vera spia.»

90  *Purgatorio* XVI, 97, Inglese, S. 206: «Le leggi son: ma chi pon mano ad esse?»

91  *Purgatorio* XVI, 104, Inglese, S. 207: «è la cagion che 'l mondo ha fatto reo.»

92  *Purgatorio* XVI, 105–112, Inglese, S. 207–208: «Soleva Roma, che 'l buon mondo feo,/ due soli aver, che l'una e l'altra strada/ facien vedere, e del mondo e di Deo./ L'un l'altro ha spento, ed è giunta la spada/ col pasturale, e l'un con l'altro insieme/ per viva forza mal convien che vada;/ però che, giunti, l'un l'altro non teme.»

Das Bild der zwei Sonnen ist überraschend und nicht geläufig. In der kirchlichen Tradition wird das Verhältnis von Papst und Kaiser nicht selten mit demjenigen von Sonne und Mond verglichen, wobei vorausgesetzt wird, dass der Mond sein Licht von der Sonne erhält. Dante beanstandet in der *Monarchia* diese Vorstellung. Marco Lombardo spricht von zwei Sonnen und meint zweifellos die weltliche und die kirchliche Macht.[93] Er will mit diesem Bild jede Unterordnung ausschließen. Unglücklicherweise hat die Kirche die weltliche Macht usurpiert, sodass die eine Sonne die andere ausgelöscht hat:

> «Die Kirche von Rom vermischt in sich die zwei Gewalten, daher fällt sie in den Dreck, besudelt sich selbst und das, was sie sich auflädt.»[94]

Ein weiterer Text aus der *Commedia* kann helfen, die Vorstellung von Dantes Kirchenkritik und des darin implizierten Verständnisses der Kirche zu ergänzen. Der Text, für den ich mich jetzt interessiere, steht im *Paradies*. Dante hat die Glaubensprüfung überstanden, er steht kurz vor dem letzten Aufstieg. In dieser feierlichen und erhabenen Situation ergreift Petrus das Wort und hebt zu einer Invektive gegen seine Nachfolger an. Er beginnt seine Rede in *Paradiso* XXVII, indem er behauptet, derjenige, der sein Amt innehabe, habe aus dem Grab Petri eine Kloake von Blut und Kot gemacht. Doch nicht genug der Anklagen, Petrus fährt fort:

> «Nie und nimmer wuchs die Braut Christi groß mit meinem Blut, mit dem Blut des Linus und des Anakletus, um zum Erwerb von Gold gebraucht zu werden; zum Erwerb glücklichen Lebens vergossen Sixtus und Pius, Calixtus und Urban nach vielen Tränen ihr Blut.

93  Zu diesem Vergleich und seiner Geschichte vgl. Ernst H. Kantorowicz: «Dantes 'zwei Sonnen'», in: Johannes Fried / Eckhart Grünewald / Ulrich Raulff (Hg.): Götter in Uniform, Stuttgart 1998, S. 235–254. Nach Kantorowicz sind die Zeilen des Lombarden «ein Akt der Wiedereinsetzung des Kaisers in seine alten Rechte» (S. 254).

94  *Purgatorio* XVI, 127–129, Inglese, S. 209: «Dì oggimai che la Chiesa di Roma,/ per confondere in sé due reggimenti,/ cade nel fango, e sé brutta e la soma.»

Nie und nimmer war es unsere Absicht, dass der eine Teil des christlichen Volkes zur rechten Hand unseres Nachfolgers säße und der andere zur linken. Auch nicht, dass die Schlüssel, die mir übergeben wurden, zum Wappen würden auf einer Fahne, die man in den Krieg gegen Getaufte führt, [...]. Darüber erröte ich, darüber koche ich vor Zorn. Von hier oben sieht man reißende Wölfe im Gewand von Hirten auf allen Weiden. O Schutzmacht Gottes, warum stehst du nicht auf?»[95]

Petrus beschreibt in diesem Passus die Verfallsgeschichte der Kirche, wenn er vom guten Anfang und dem schrecklichen Ende spricht. Das schreckliche Ende ist die Gegenwart. Die Ursache dieses Niedergangs, für den in den Augen Petri die Päpste verantwortlich sind, ist die Gold- und Geldgier. Deswegen braucht Petrus das Bild der reißenden Wölfe (V. 55). Das Bild ist dem Matthäusevangelium entnommen (7,15), wo von den falschen Propheten die Rede ist: «Seht euch vor vor den falschen Propheten, die in Schafskleidern zu euch kommen, inwendig aber sind sie reißende Wölfe.» Indes begegnet uns in diesem Passus ein neuer Gedanke. Die verantwortungslose Führung der Päpste führt zu einer Spaltung des Christenvolkes. Wie Beatrice im 33. Gesang des *Purgatorio*[96] erteilt auch Petrus dem Dichter am Ende seiner Rede den Auftrag, das Gehörte den Menschen zu verkünden:

95  *Paradiso* XXVII, 40–57, Inglese, S. 336–337: «Non fu la sposa di Cristo allevata/ del sangue mio, di Lin, di quel di Cleto,/ per essere ad acquisto d'oro usata;/ ma per acquisto d'esto viver lieto/ e Sisto e Pïo e Calisto e Urbano/ sparser lo sangue dopo molto fleto./ Non fu nostra intenzion ch'a destra mano/ d'i nostri successor parte sedesse,/ parte da l'altra del popol cristiano;/ né che le chiavi che mi fuor concesse,/ divenisser signaculo in vessillo/ che contra battezzati combattesse; [...]/ ond'io sovente arrosso e disfavillo./ In vesta di pastor lupi rapaci/ si veggion di qua sù per tutti i paschi:/ o difesa di Dio, perché pur giaci?» Übersetzung Flasch, S. 388.
96  *Purgatorio* XXXIII, 52–54, Inglese, S. 395–396: «Tu nota; e sì come da me son porte,/ così queste parole segna a' vivi/ del viver ch'è un correre a la morte.»

«Aber du, mein Sohn, wirst mit deiner sterblichen Last noch einmal nach unten zurückkehren. Öffne den Mund! Verbirg nicht, was ich nicht verberge.»[97]

Dantes Kritik an der Kirche wird auf diese Weise auf eine ganz besondere Weise legitimiert: Petrus und Beatrice erteilen Dante einen prophetischen Auftrag. Dieser umfasst sowohl die Reform der Kirche als auch eine Reform der Politik, die auf der Grundlage der Trennung von Schwert und Hirtenstab von einer Restauration des Imperium träumt. Dieses Vorhaben, selbst wenn wir es im Zusammenhang mit dem präzisen historischen Kontext der Romfahrt Heinrichs deuten, erscheint uns fremd und wir haben es zweifelsohne mit einer «deszendenten Herrschaftstheorie», wie Walter Ullman sagen würde, zu tun: Marsilius von Padua hat wenige Jahre nach Dante im *Verteidiger des Friedens* (1324) ein Modell der Herrschaft entwickelt, das unseren demokratischen Vorstellungen besser entspricht. Indes möchte ich zum Schluss auf einen Aspekt der Monarchietheorie Dantes hinweisen, der mir gleichwohl bedenkenswert scheint. Dante beantwortet die im ersten Buche gestellte Frage bezüglich der Notwendigkeit einer Universalmonarchie mit zwölf Argumenten.[98] Ich bin der Überzeugung, dass wir diese präzise, historisch bedingte Fragestellung im Sinne der Suche nach der besten politischen Regierungsform deuten dürfen. Bei einer derartigen Untersuchung ist es angebracht zu unterscheiden zwischen der Fragestellung, der Antwort auf die gestellte Frage und den Argumenten die zugunsten der Antwort vorgebracht werden. Zur Verdeutlichung dessen, was ich sagen will, können wir beispielhalber das zehnte Argument erwähnen, das uns überdies Einblick verschafft in Dantes Denkstil. Das zehnte Argument beruft sich auf das sogenannte Ökonomie-

---

97  *Paradiso* XXVII, 64–66, Inglese, S. 338: «et tu, figliuol, che per lo mortal pondo/ ancor giù tornerai, apri la bocca/ e non asconder quel ch'io non ascondo.»

98  Vgl. dazu den Kommentar in der Übersetzung Imbach, S. 255–257.

prinzip, das auch als Ockhams Rasiermesser bekannt ist: Man soll die Seienden nicht unnötig vermehren. Es lautet bei Dante: «Was durch eines verwirklicht werden kann, bei dem ist es besser, wenn es durch eines als durch mehrere verwirklicht werden kann.»[99] Wenn wir Dantes Vorgehen evaluieren wollen, so ist die gestellte Frage bekannt, aber auch das Resultat, weil er ja über die beste Regierungsform nachdenkend die Universalmonarchie fordert. Wir können indes uns ebenfalls die Frage nach dem Wert des benutzten Arguments stellen und diagnostizieren, dass das Sparsamkeitsprinzip unabhängig von der Schlussfolgerung, die Dante daraus ableitet, seinen Wert besitzt und wahr ist. Diese differenzierende Betrachtungsweise scheint mir in Sonderheit für einen Beweis Dantes sehr relevant und anregend. Das achte Argument beruht auf folgender Behauptung:

> «Die menschliche Gattung befindet sich im besten Zustand, wenn sie die größte Freiheit genießt.»[100]

Unabhängig von der Schlussfolgerung, die Dante daraus ableitet, scheint es mir, dass der Gedanke, die beste staatliche Organisation sei unter Berücksichtigung dieses Grundsatzes zu suchen, überaus bedenkenswert. Beobachten wir Dantes Vorgehen:

> «Ist dies eingesehen, so ist offenkundig, dass diese Freiheit oder das Prinzip dieser unserer ganzen Freiheit das größte Geschenk ist, das Gott der menschlichen Natur verliehen hat, wie ich im Paradies der *Komödie* bereits gesagt habe, denn durch dieses Geschenk werden wir hienieden glücklich wie Menschen, dort aber glücklich wie Götter.

---

99  *Monarchia* I, xiv, 1, Quaglioni, S. 1024: «Et quod potest fieri per unum, melius est per unum fieri quam per plura.» Vgl. ebenfalls *Questio* [XII], Rinaldi, S. 714.

100  *Monarchia* I, xii, 8, Quaglioni, S. 1002: «Et humanum genus potissime liberum optime se habet.»

Wenn sich dies so verhält, wer wagte zu behaupten, die menschliche Gattung befinde sich nicht im besten Zustand, wenn sie am wirksamsten von diesem Prinzip Gebrauch machen kann?»[101]

Dante folgert daraus, dass die beste politische Organisation jene sei, die den Menschen die größte Freiheit gewähre, denn, so Dante, die gerechten Staatsformen haben die Freiheit der Bürger und Bürgerinnen zum Ziel. Wer wagt, das Gegenteil zu behaupten, fragt Dante. Er hat mit seinem Schrifttum versucht, diese erhabene Zielvorstellung wachzuhalten.

---

101 *Monarchia* I, xii, 6–7, Quaglioni, S. 1008–1010: «Hoc viso, iterum manifestum esse potest quod hec libertas sive principium hoc totius nostre libertatis est maximum donum humane nature a Deo collatum – sicut in Paradiso *Comedie* iam dixi – quia per ipsum hic felicitamur ut homines, per ipsum alibi felicitamur ut dii. (7) Quod si ita est, quis erit qui humanum genus optime se habere non dicat, cum potissime hoc principio possit uti?» Übersetzung Imbach, S. 95–97. In der Edition von Quaglioni fehlt der Einschub «sicut in Paradiso Comedie iam dixi». Über diese Bemerkung herrscht seit langer Zeit ein Gelehrtenstreit, der allerdings hier nicht von Bedeutung ist. Zu den beiden neuesten Editionen der *Monarchia* vgl. unsere Rezension in: Deutsches Dante-Jahrbuch, 93, 2018, S. 195–205.

# Bibliographie

## 1 Zitierte Werke und Ausgaben von Dante

*Commedia*

Commedia: Inferno. Revisione del testo e commento di Giorgio Inglese, 2a edizione, Roma 2016.

Commedia: Purgatorio. Revisione del testo e commento di Giorgio Inglese, 2a edizione, Roma 2016.

Commedia: Paradiso. Revisione del testo e commento di Giorgio Inglese, Roma 2016.

Commedia in deutscher Prosa von Kurt Flasch, Frankfurt 2011.

Vgl. ebenfalls die Übersetzung von Hartmut Köhler, I–III, Stuttgart 2010–2014.

*Convivio*

Convivio, hg. von Gianfranco Fioravanti, Gedichte hg. von Claudio Giunta, in: Dante Alighieri Opere, Edizione diretta da Marco Santagata, volume secondo, Milano 2014, S. 1–805.

Das Gastmahl. Erstes Buch. Übersetzt von Thomas Ricklin. Eingeleitet und kommentiert von Francis Cheneval. Italienisch – Deutsch, Hamburg 1996 (Dante Alighieri, Philosophische Werke 4/I).

Das Gastmahl. Zweites Buch. Übersetzt und kommentiert von Thomas Ricklin. Italienisch – Deutsch, Hamburg 1996 (Dante Alighieri, Philosophische Werke 4/II).

Das Gastmahl. Drittes Buch. Übersetzt von Thomas Ricklin. Kommentiert von Francis Cheneval. Italienisch – Deutsch, Hamburg 1996 (Dante Alighieri, Philosophische Werke 4/III).

Das Gastmahl. Viertes Buch. Übersetzt von Thomas Ricklin. Eingeleitet und kommentiert von Ruedi Imbach in Zusammenarbeit mit Roland Béhar und Thomas Ricklin. Italienisch – Deutsch, Hamburg 2004 (Dante Alighieri, Philosophische Werke 4/IV).

*De vulgari eloquentia*

De vulgari eloquentia, hg. von Mirko Tavoni, in: Dante Alighieri Opere, Edizione diretta da Marco Santagata, volume primo, Milano 2011, S. 1065–1547.

De vulgari eloquentia: Über die Beredsamkeit in der Volkssprache. Übersetzt von Francis Cheneval, mit einer Einleitung von Ruedi Imbach und Irène Rosier-Catach und einem Kommentar von Ruedi Imbach und Tiziana Suarez-Nani. Lateinisch – Deutsch, Hamburg 2007 (Dante Alighieri, Philosophische Werke 3).

*Epistola XIII*
Epistola XIII, hg. von Claudia Villa, in: Dante Alighieri Opere, Edizione diretta da Marco Santagata, volume secondo, Milano 2014, S. 1494–1521.

Das Schreiben an Cangrande della Scala. Übersetzt, eingeleitet und kommentiert von Thomas Ricklin, mit einer Vorrede von Ruedi Imbach, Hamburg 1993 (Dante Alighieri, Philosophische Werke 1).

*Monarchia*
Monarchia, hg. von Diego Quaglioni, in: Dante Alighieri Opere, Edizione diretta da Marco Santagata, volume secondo, Milano 2014, S. 807–1415.

Monarchia, Lateinisch – Deutsch. Studienausgabe. Einleitung, Übersetzung und Kommentar von Ruedi Imbach und Christoph Flüeler, Stuttgart 1989.

*Questio*
Questio de aqua et terra. Questione sull'acqua e la terra. A cura di Michele Rinaldi, in: Nuova edizione commentata delle Opere di Dante, volume V, Epistole, Egloge, Questio de aqua et terra. A cura di Marco Baglio, Luca Azzetta, Marco Petoletti e Michele Rinaldi. Introduzione di Andrea Mazzucchi, Roma 2016, S. 651–770 (Edition S. 694–751).

Abhandlung über das Wasser und die Erde. Übersetzt, eingeleitet und kommentiert von Dominik Perler, Hamburg 1994 (Dante Alighieri, Philosophische Werke 2).

*Vita Nova*
Vita Nova, hg. von Guglielmo Gorni, in: Dante Alighieri Opere, Edizione diretta da Marco Santagata, volume primo, Milano 2011, S. 745–1063.

Vita Nova: Das Neue Leben. Übersetzt und kommentiert von Anna Cosieru und Ulrike Kunkel, München 1988.

## 2 Wichtige Studien zur Philosophie von Dante

Ardizzone, Maria Luisa (ed.): Dante as Political Theorist. Reading *Monarchia*, Cambridge 2018.

Ascoli, Albert Russell: Dante and the Making of a Modern Author, Cambridge 2008.

Auerbach, Erich: Dante als Dichter der irdischen Welt. Mit einem Nachwort von Kurt Flasch, Berlin 2001.

Baranski, Zygmunt G.: Dante e i segni. Saggi per una storia intellettuale di Dante Alighieri, Napoli 2000.

Baranski, Zygmunt G.: «Dante *poeta* e *lector*: poesia e riflessione tecnica», in: Critica del testo, 14, 2011, S. 81–110.

Bartuschat, Johannes / Robiglio, Andrea (ed.): Il 'Convivio' di Dante, Ravenna 2015.

Bertelloni, Francisco: «Contexto, consequencias y fuentes de la doctrina dantesca 'homo est medium' (Monarchia III, xv)», in: Patristica et mediaevalia, 13, 1993, S. 3–21.

Bianchi, Luca: «'Noli comedere panem philosophorum inutiliter'. Dante Alighieri and John of Jandun on Philosophical 'Bread'», in: Tijdschrift voor Filosofie, 75, 2013, S. 335–355.

Boyde, Patrick: L'uomo nel cosmo. Filosofia della natura e poesia in Dante, Bologna 1984.

Capitani, Ovidio: Chiose minime dantesche, Bologna 1983.

Carron, Delphine: Le héros de la liberté. Les aventures philosophiques de Caton au Moyen Âge latin, de Paul Diacre à Dante, Thèse de doctorat, Paris IV, 2010.

Cheneval, Francis: Die Rezeption der 'Monarchia' Dantes bis zur Editio Princeps im Jahre 1559. Metamorphosen eines philosophischen Werkes, München 1995.

Cheneval, Francis: «Dante Alighieri, Convivio», in: Kurt Flasch (Hg.): Interpretationen. Hauptwerke der Philosophie. Mittelalter, Stuttgart 1998, S. 352–379.

Corti, Maria: Dante a un nuovo crocevia, Firenze 1982.

Corti, Maria: La felicità mentale. Nuove prospettive per Cavalcanti e Dante, Torino 1983.

de Libera, Alain / Brenet, Jean-Baptiste / Rosier-Catach, Irène (dir.): Dante et l'averroïsme, Paris 2019.

Dronke, Peter: Dante's Second Love. The Originality and the Context of the 'Convivio', London 1997.

Falzone, Paolo: Desiderio della scienza e desiderio di Dio nel 'Convivio' di Dante, Bologna 2010.

Flasch, Kurt: Einladung, Dante zu lesen, Frankfurt 2011.

Foster, Kenelm: The Two Dantes and Other Studies, Los Angeles 1977.

Gagliardi, Antonio: Ulisse e Sigieri di Brabante. Richerche su Dante, Catanzaro 1992.

Gagliardi, Antonio: La commedia divina di Dante. Tra Averroè e Cristo, Soveria Mannelli 2014.

Ghisalberti, Alessandro (ed.): Il pensiero filosofico e teologico di Dante, Milano 2001.

Gilson, Étienne: Dante et la philosophie, Paris 1939.

Imbach, Ruedi: Laien in der Philosophie des Mittelalters. Hinweise zu einem vernachlässigten Thema, Amsterdam 1989.

Imbach, Ruedi: Dante, la philosophie et les laïcs, Paris 1996.

Imbach, Ruedi / Maspoli, Silvia: «Philosophische Lehrgespräche in Dantes 'Commedia'», in: Klaus Jacobi (Hg.): Gespräche lesen. Philosophische Dialoge im Mittelalter, Tübingen 1999, S. 291–321.

Imbach, Ruedi: «Ein anderer Dante», in: Dante Alighieri: Philosophische Werke in einem Band, hg. und mit einer neuen Einleitung von Ruedi Imbach, Hamburg 2015, S. VII–XXXVIII.

Imbach, Ruedi: «*Pax universalis – tranquillitas civitatis*. Die politische und philosophische Bedeutung des Friedensgedankens bei Augustin, Dante und Marsilius von Padua», in: Gerd Althoff / Eva-Bettina Krems / Christel Meier / Hans-Ulrich Thamer (Hgg.): Frieden. Theorien, Bilder, Strategien. Von der Antike bis zur Gegenwart, Dresden 2019, S. 124–144.

Jacoff, Rachel (ed.): The Cambridge Companion to Dante, Cambridge 1993.

Maccarone, Michele: «Il terzo libro della 'Monarchia'», in: Studi danteschi, 3, 1955, S. 5–142.

Minio-Paluello, Lorenzo: Luoghi cruciali in Dante. Ultimi saggi, con un inedito su Boezio, Spoleto 1993.

Nardi, Bruno: Nel mondo di Dante, Roma 1944.

Nardi, Bruno: Dal 'Convivio' alla 'Commedia'. Sei saggi danteschi, Roma 1960.

Nardi, Bruno: Saggi e note di critica dantesca, Milano/Napoli 1966.

Nardi, Bruno: Saggi di filosofia dantesca, Firenze 1967.

Nardi, Bruno: Dante e la cultura medievale, Roma/Bari 1983.

Pépin, Jean: Dante et la tradition de l'allégorie, Paris 1970.

Piron, Sylvain: «Le poète et le théologien: une rencontre dans le Studium de Santa Croce», in: Picenum Seraphicum, 19, 2000, 87–134.

Poirier, Jean-Louis: Ne plus ultra. Dante et le dernier voyage d'Ulysse, Paris 2016.

Porro, Pasquale: «Tra il 'Convivio' e la 'Commedia' e il 'forte dubitare' intorno al desiderio naturale di conoscere le sostanze separate», in: Miscellanea Mediaevalia, 35, 2010, S. 631–662.

Porro, Pasquale: «'Avegna che poci, per male camminare compiano la giornata'. L'ideale della felicità filosofica e suoi limiti nel 'Convivio' dantesco», in: Freiburger Zeitschrift für Philosophie und Theologie, 59, 2012, S. 389–406.

Ricklin, Thomas: «Théologie et philosophie du 'Convivio' de Dante Alighieri», in: Jean-Luc Solère / Zénon Kaluza (dir.): La servante et la consolatrice. La philosophie dans ses rapports avec la philosophie au Moyen Âge, Paris 2002, S. 129–150.

Sasso, Gennaro: Dante. L'imperatore e Aristotele, Roma 2002.

Sasso, Gennaro: Ulisse e il desiderio. Il canto XXVI dell'*Inferno*, Roma 2011.

Sciuto, Italo: «'La moralitade e bellezza della filosofia'. Dante e l'etica medievale», in: Studi danteschi, 74, 2009, S. 39–70.

Scott, John A.: Understandig Dante, Notre Dame 2004.

Stabile, Giorgio: Dante e la filosofia della natura. Percezioni, linguaggi, cosmologie, Firenze 2007.

Stierle, Karlheinz: Das große Meer des Sinns. Hermenautische Erkundungen in Dantes 'Commedia', München 2007.

Tavoni, Mirko: Qualche idea su Dante, Bologna 2015.

Vasoli, Cesare: Otto saggi per Dante, Firenze 1995.

Selbstverständlich ist die *Enciclopedia dantesca* (Rom 1970–1978) ein ständiger Begleiter des bedachtsamen Dante-Lesers.

Das Signet des Schwabe Verlags
ist die Druckermarke der 1488 in
Basel gegründeten Offizin Petri,
des Ursprungs des heutigen Verlags-
hauses. Das Signet verweist auf
die Anfänge des Buchdrucks und
stammt aus dem Umkreis von
Hans Holbein. Es illustriert die
Bibelstelle Jeremia 23,29:
«Ist mein Wort nicht wie Feuer,
spricht der Herr, und wie ein
Hammer, der Felsen zerschmeisst ?»